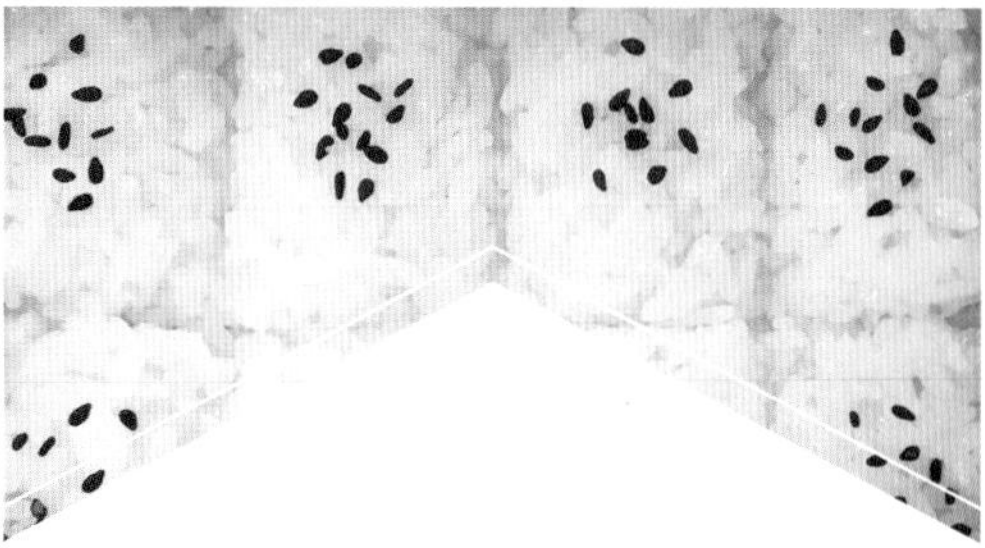

権代美重子
Gondai Mieko

日本のお弁当文化

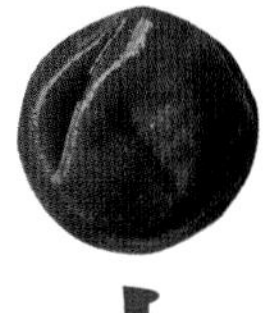

知恵と美意識の小宇宙

法政大学出版局

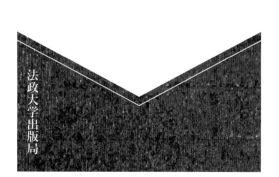

はじめに

二〇一三年、「日本人の伝統的な食文化」としての「和食」がユネスコの世界無形文化遺産に登録され、日本の食文化が国の内外からあらためて注目されています。二〇一五年に農林水産省が外務省の協力で行った調査によると、海外における日本食のレストラン数は約八万九〇〇〇店で、二〇一三年の調査結果の一・六倍の増加です。海外における日本食人気の高まりがわかります。

外国人が好む日本食の定番が「寿司」「天ぷら」「すき焼き」であることは変わりませんが、「ラーメン」「カレーライス」「お好み焼き」なども人気メニューに登場してきました。私たちが日常の生活で食べている普通のメニューです。でも、歴史を振り返ると「寿司」「天ぷら」も江戸時代には庶民の立ち食いの屋台料理でした。「すき焼き」も、もともとは使い古した鋤《すき》を火にかざして鴨などの鳥肉や鯨肉、魚類などを加熱して食べた「鋤焼き」が始まりです。

「食」は生きることの基本であり、最大の楽しみの一つです。庶民には、権力もお金もありません。だから、「安くておいしくて簡単に食べられる」ことを目指して、知恵や工夫を凝《こ》らしてきました。庶民が大切にしたのは、普段の日常生活です。「普段＝不断」に絶え間なく繰り返されていく日常の暮らしだからこそ、人々は無事が続くようにと祈りをこめながら、「食」を楽しんできたのです。そこから生まれた「庶民の食文化」が、今も息づいています。

その「庶民の食文化」の一つに、「お弁当」があります。お弁当の起源は遠く奈良時代にまでさかのぼりますが、現代でもこれほど人々の生活に浸透し親しまれているものはないでしょう。町に出ると持ち帰り弁当店、スーパーマーケット、デパート……、どこでもお弁当を見かけ、いつでも購入することができます。手軽で低価格のお弁当から、高級料亭や西洋料理のレストランのお弁当までさまざまな種類があり、好みや懐具合によって選ぶことができます。宅配弁当もあります。もちろん、忘れてならないのは手作り弁当。テレビの料理番組やネットではお弁当づくり指南のレシピ情報があふれています。実用的なお弁当レシピ本も次々に出版され、人気です。

こんなに人びとの生活のなかに浸透している「お弁当」ですが、身近なだけに実用重視になり、その魅力について見過ごしてしまってはいないでしょうか？

本書では、普通の人々の日常生活のなかに当たり前のようにある「お弁当」を取り上げ、「庶民の食文化」に光を当ててみたいと思います。文化（culture）とは、ラテン語 colere（耕す）から派生した言葉で、「耕す」「培養する」「洗練したものにする」「教化する」といった意味を持っています。「お弁当」の歴史を縦糸に、人々の知恵や工夫を横糸にして織りなされてくる「庶民の食の文化模様」に注目してみましょう。文化は時代や環境の影響を受けながら変化していきます。「お弁当文化」も、今までの既成概念の枠を超え、変化し続けているのです。

日本のお弁当文化

目次

はじめに 3

序章 世界が注目する日本のお弁当文化……13

1 海外のBENTO人気 14
パリのお弁当専門店　ニューヨークのBENTO事情　火付け役は日本のアニメ

2 手作り弁当のひろがり 22
「手作り弁当」はスマートな女性の証し　簡便第一から「手作り弁当」へ
高まる「お弁当箱」への関心　「国際BENTOコンテスト」

3 「お弁当」と日本の食文化の特徴 29

第一章 「働く力」とお弁当……33

1 里の民のお弁当 33
田植時の「コビリ（小昼）」　「穀霊信仰」と「田植祝い」「サオリ」「サノボリ」「ハンゲ」

2 山の民のお弁当 39
「木挽きの一升飯」「目張りずし」　「ゴヘイモチ」と山の神信仰
「マタギ」――山神信仰と「カネモチ」

3 海の民のお弁当 47
「船弁当」の工夫　「船霊信仰」と漁師の心意気

4 「お弁当箱」の用と美 51
5 戦う人々の携行食 55
『雑兵物語』から――携行食の工夫「打飼袋」と「芋茎縄」 「兵糧丸」――栄養補給の隠し玉
「あくまき」――日持ちと食べやすさの知恵
6 「腰弁当」――泰平の世のお弁当 62
江戸時代の腰弁当 明治時代――「オール腰弁時代」のはじまり 新腰弁時代――「愛妻弁当」
7 戦後復興の力――「ニコヨン」と「ドカ弁」 66

第二章 花見弁当 季節や自然を楽しむお弁当

第二章 花見弁当 季節や自然を楽しむお弁当……69
1 サクラ神事と「花見」 69
2 平安貴族の観桜の宴 71
3 秀吉の「吉野の花見」 74
4 江戸の庶民の年中行事としての「花見」 76
5 花見弁当 79
「花見弁当」の献立――『料理早指南』より 長屋の「花見弁当」 花見酒
6 花見のお弁当箱 86
「重箱」と「提重」 使い捨て弁当箱「割籠（折箱）」
7 世相を映す「師匠の花見」――弁当二千人前・弁当長持十五棹 91

寺子屋の宣伝活動　「花見小袖」「大量の花見弁当」――「仮装」と「茶番」
「師匠の花見」の時代背景と庶民の諧謔精神
8　季節と自然はお弁当を楽しむための舞台装置　99

第三章　観劇弁当　芝居と一体化して楽しむお弁当……103
1　庶民の大娯楽「歌舞伎」　103
2　「宮地芝居」の継承――「大鹿歌舞伎」と「ろくべん」　106
3　江戸の芝居見物――一日がかりの大娯楽　109
4　芝居茶屋の食事――『宴遊日記別録』から　113
5　食べながらの芝居見物　117
6　「かべす」の楽しみ　119
「か」＝菓子――砂糖の国産化　「べ」＝「べんとう」――「幕の内弁当」登場
「す」＝「すし」――「助六寿司」
7　歌舞伎の変身――大衆演劇から芸術へ　127

第四章　駅弁　旅情を楽しむお弁当……131
1　フランス、パリ・リヨン駅の駅弁テスト販売　131
2　駅弁の魅力――「掛紙《かけがみ》」　134

パリでのテスト販売駅弁の「掛紙」　「掛紙」の由来と意味　「掛紙」が語る世相とメッセージ
3 「駅弁」お弁当箱の魅力 139
4 駅弁の「盛り付け」の魅力 144
5 駅弁の歴史 147
「駅弁」の定義　駅弁と時刻表　駅弁と戦争　駅弁と集団就職　駅弁と災害支援
6 駅弁販売法今昔 158
「立ち売り」　「駅弁大会」

第五章 松花堂　おもてなしのお弁当

…… 165
1 「松花堂」の誕生 165
2 「松花堂」の工夫 166
3 「松花堂」と茶道 169
茶道の歴史　茶道の精神
4 「松花堂」と「懐石」 174
「懐石」とは　「懐石」と「趣向」
5 「松花堂」考案者、湯木貞一 177
料理人　湯木貞一　「松花堂」への思い

第六章　食の思想とお弁当……183
1　神への畏敬と感謝から　183
「神饌」――思いを伝えるために美しく盛る　「直会」――絆を深めるための共食
2　命への畏敬――「包丁式」　190
3　「食法一体」――食と生き方を重ねる　195
道元と食の思想　『典座教訓』――食事を作る者の心構え
4　『赴粥飯法』――受食の作法　200
食前・食後の挨拶　「応量器」――作法の原点　「箱膳」――属人器文化
5　食の思想の浸透　206
寺請制度　「おべんとう」の歌
第七章　社会の変化とお弁当……211
1　お弁当の社会的役割　211
超高齢化社会を迎えて――お弁当宅配サービス　療養食や健康食の宅配弁当
2　ライフスタイルの変化と価値観の多様化　216
「中食」産業の急伸　「持ち帰り弁当」　お取り寄せ弁当「仕出し弁当」　「おせち」の取り寄せ
3　ＩＣＴとお弁当　226

企業向け宅配弁当の躍進　特別食への対応
お弁当ブログ　「キャラクター弁当」「弁当男子」の登場

4　「手作り弁当」の趣味化　232

おわりに　239
参考文献資料　242
あとがき　249

コラム
① 十七世紀の『日葡辞書』に“Bento”の記述　30
② 寒冷地の知恵　凍らない餅の秘密「ごんぽっぽ」　46
③ ブルーノ・タウトのお弁当籠　53
④ 「兵糧丸」の主な配合材料と機能　59
⑤ 『作庭記』　72
⑥ 江戸の娯楽料理本『料理早指南』　81
⑦ 判じ柄　庶民の洒落心　98
⑧ 芝居好きのやんちゃ姫　紀伊藩主奥方豊姫　111
⑨ 大名と歌舞伎「座敷芝居」　115
⑩ お弁当の普及と地廻り醤油　122
⑪ 「引き札」に見る江戸っ子の遊び心　126
⑫ 江戸の風俗百科事典『守貞謾稿』　129
⑬ 『料理早指南』お弁当の詰め方指南　146
⑭ 特殊弁当いろいろ　150
⑮ 「道中弁当」江戸時代の旅のお弁当　162
⑯ 大名茶人の領主としての顔　172
⑰ 「和包丁」について　194
⑱ ハラール食　230

序章　世界が注目する日本のお弁当文化

私たちは、しばしば外国の人たちからの賞賛や指摘によって、それまで当たり前のように思っていた日本文化の魅力に気づかされることがあります。また、外国の文化を知ることで、自国の文化の良さを知ることもあります。「お弁当文化」もその一つです。

近年、海外で日本のお弁当が注目されて人気です。ヨーロッパや東南アジアなどの主要都市に日本のお弁当専門店があり、大型書店の料理本コーナーにはお弁当のレシピ本が並ぶようになりました。いまや"BENTO"は、英語の辞書にもフランス語の辞書にも載っていて、世界の共通語になろうとしています。

異国のまちでＢＥＮＴＯの表示を見ると、なんだか嬉しくなる日本人は多いのではないでしょうか。

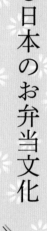

パリにあるお弁当専門店「**十時や**」

1　海外のＢＥＮＴＯ人気

❶パリのお弁当専門店

二〇一〇年代の初め、筆者が旅行でパリを訪れたとき、オペラ座の近くでお昼どきに行列ができている店を見つけました。「何のお店だろう？」とのぞいてみたら、なんと日本のお弁当専門店でした。

日本貿易振興機構の調べによると、フランスにおける日本食レストランの数は二〇一六年十一月現在で二九二五店、そのうちの約一六〇〇店がパリにあります。でも、驚くことに日本人経営による店は約一割しかありません。大多数が、中国系を中心としたアジア系個人事業者による経営で、日本食人気にあやかって以前は中華料理店だったものを日本食レストランに衣替えしたのです。日本人からするとやや違和感のある、寿司・刺身・焼鳥を組み合わせた限られたメニューを、低価格で提供しています。フランス資本経営による、おしゃれにアレンジされたカジュアル寿司店もあります。日本の会席料理や本格的な日本料理を出す日本人経営の正統日本食レストランは少数で、値段も高級です。

手軽に日本食が味わえる日本のお弁当専門店がパリに初登場したのは、一九九五年のことです。経営者は、もともと日本の食材店を経営していた人でした。そ

の後、日本料理の板前や、フランスで本格的なシェフやパティシエの修行をした人など、いろいろな経験を持つ日本人がお弁当専門店を開きました。仲良し二人でお店を開いたお料理好きの日本人女性や、日本滞在中に日本食ファンになったフランス人女性もいます。

彼らがお弁当専門店を開くことになった動機は、「日本人として違和感のない日本食を手軽に提供したい」「日本人が普段の生活のなかで食べている食を体験してほしい」「日本のお母さんが作るようなお弁当を、そのままパリの人たちにも味わってほしい」という思いからだったといいます。

持ち帰りを主体とした比較的規模の小さなお店がほとんどですので、日本人スタッフが食材を吟味し、「日本のお弁当の良さを届けたい」という思いで丁寧に手作りされています。白飯と一緒に野菜を中心としたいろいろな種類の副菜が彩りよく詰め合わされたBENTOは、「見た目も食べるのも楽しく、健康的だ」、しかも「持ち帰りできる」、「すぐ食べられて冷めても美味しい」と評判になりました。

定番メニューは、鮭弁当、から揚げ弁当、とんかつ弁当、エビフライ弁当など、日本と同じです。ほとんどの店で、メインのおかずを決めると、好きな副菜を何種類か選べるようになっています。「おにぎり」もコロッとした愛らしい形で、味のバラエティに富んでいて食べやすい、と人気です。梅シソ、塩昆布、ワカメとショウガなどが具になっている米飯の「おにぎり」がパリっ子たちに受け入れられているのは、ちょっと意外でしたが、フランス風におしゃれに変身した「MUSUBI（おむすび）」もあります。お弁当に合う日本茶や日本のビール、フルコースの食事を好むフランス人気質《かたぎ》に合わせてデザートに大福やたい焼き、ゴマプリンなどを置いている店もあります。注文による宅配出前サービスを行っている店もあります。

値段は一〇ユーロ（約一三〇〇円）から一五ユーロ（約一九〇〇円）くらい、サンドイッチやマクドナルドに比べると少し高めですが、この値段で本物の日本食を手軽に味わえるのはリーズナブル（手頃で納得できる）と、とらえられています。それに、笑顔やコミュニケーションを大切にする日本的な接客も好評で、どの店もお昼時には行列ができる人気です。お客さんの約九〇％はフランス人、日本人が五％、その他の外国人五％というのが大体の比率で、九五％がリピーターの常連客だそうです。

テレビや雑誌などのメディアで手軽で内容豊かな携行日本食としてＢＥＮＴＯが取り上げられることも多く、今では専門のお弁当店だけでなく百貨店の食品フロアやスーパーマーケットなどでも、「SUSHI-BENTO」などが並んでいます。こうした様子をみると、ＢＥＮＴＯがフランス人の生活のなかに浸透しつつあるのを感じます。

❷ニューヨークのBENTO事情

海外の他の都市ではどうでしょうか。ニューヨークに住む友人が帰国したときに、アメリカでのＢ

ニューヨーク「**BentOn Cafe**」　（右上はミッドタウン店，左はダウンタウン FiDi 店）
2012 年 11 月にマンハッタンのミッドタウンにオープンした日本のお弁当専門店。健康志向の高いニューヨークで注目され，その手軽さと求めやすい価格で，昼どきには行列ができる人気です。自分の好きなものを選んで詰め合わせられることが魅力ですが，日替わり弁当や季節弁当もあります。イベントやパーティ向けのケータリングサービスもあり，好評です。（左および右下の写真:『ニューヨーク ビズ！』ウェブサイト「「BENTO on demand」が好発進」2015 年 3 月 26 日付記事より）

ENTO事情について聞いてみました。

ニューヨークのミッドタウンやオフィス街にも日本のお弁当専門店がたくさんあり、お昼時には行列ができる人気だそうです。

いま話題になっているのは、自分の好きなものを選べるという「オンデマンド（on demand：要求次第）」方式を取り入れた、「BentOn Cafe」という名のお弁当専門店です。マンハッタンの金融街にあり、お客さんは九五％が日本人以外のビジネスパーソンだそうです。

五種類の日替わり弁当のほか、約五〇種類の副菜があり、「rice（米飯）」「main（主菜）」「side（副菜）」のカテゴリーから二品ずつ、計六品を選んで詰め合わせてもらえます。メインの米飯には、白飯の他に炊き込みご飯やチャーハンもあります。主菜もトンカツ、鶏肉や魚のから揚げ、天ぷらと

健康を応援する「**アンチエイジング弁当**」
BentOn Cafe では，2010 年から栄養バランスやカロリーを考慮した「ヘルシー弁当」を販売していましたが，2014 年には，期間限定で内科認定医の監修による「アンチエイジング弁当」を販売しました。肥満や加齢による衰えへの対応をより考慮し，おいしく食べられるように工夫がなされました。さらに，このお弁当を一つ買うと，アフリカの飢餓で苦しむ児童の給食費用として，25 セントが寄付されるようになっていました。健康意識と社会貢献意識の高いアメリカの人々に向けた発想のお弁当が評判を呼びました。（写真は特定非営利活動法人 TABLE FOR TWO International のプレスリリースより）

いろいろあり、副菜の野菜料理もサラダだけでなく、煮物、揚げ物、あえ物、酢の物……季節の食材を使って異なる調理法でさまざまな味を楽しめるようになっています。

ハンバーガーやピザなど単品料理に慣れたアメリカ人には、その多種多様さがうれしい驚きでした。しかも、すべての品目に栄養成分が表示してあり、栄養バランスがひと目でわかるようになっています。注文を受けてから店員が盛り合わせるようになっていて、手際よく、見た目も美しく、温かいものは温かいまま提供してくれます。日替わり弁当は、通うたびに異なる味を楽しめて、飽きさせません。

アメリカで日本食が最初に注目されたのは、一九七七年に発表されたアメリカ連邦政府の「マクガバンレポート」（食生活改善指導）の記事がきっかけでした。当時、医療費の増大に悩むアメリカでは、高カロリー・高脂肪食がもたらす食源病対策が大きな課題でした。レポートで「最も理想的な食事は元禄時代以前の日本人の食事である」と報告され、たちまち医者や弁護士、芸能人などで健康に関心のあるセレブたちの間で「健康的で理想的な食生活スタイル」として日本食ブームがおこりました。

しかし、「健康的で理想的な食生活スタイル」として注目された日本食でしたが、セレブたちの間でブームとなった寿司・天ぷらなどは、限られた高級日本料理店で提供される「おしゃれで高価な食事」で、一般庶民には手の届かないものでした。BENTOは、その日本食を手軽に味わえるのです。「ランチは簡単に空腹が満たされればいい」と思っていたアメリカ人は、高いお金を出さなくとも、BENTOという健康的でバラエティに富んでおいしく食べられる日本食があることに感激しました。おまけに、この店では価格はすべて九・九九ドル。ニューヨークで一〇ドル以下の昼食は破格の安さです。ニューヨークの人たちの心をつかまないはずがありません。

❸ 火付け役は日本のアニメ

BENTO人気は、二〇一〇年頃フランスから始まりました。火付け役となったのは、日本のマンガやアニメです。日本のマンガやアニメは世界中で放映され、緻密で美しい絵、豊かなストーリー性など、大人も感動する表現力と質の高さが評価され、絶大な人気があります。アクションバトル、ギャグ、恋愛、ミステリー、学園生活、歴史、未来など、ジャンルも実に多様です。

そのなかで、若者の目をひきつけたのが学園マンガのなかにしばしば登場するお弁当シーンでした。朝、お母さんがお弁当を手作りするシーン、学校でお弁当を広げてみんなで食べるシーン、好きな人に手作り弁当を渡すシーン、そして、おにぎり、玉子焼き、タコさんウィンナーといった、かわいらしく、おいしそうな料理たち、キャラクターを模した飾りつけの「キャラ弁」……。私たちには日常的なごく普通のシーンですが、彼らは「いったい、これは何なんだ?!」と目を丸くしました。

フランスにも「ガメル（gamelle）」という携行食の習慣がありますが、ガメルとは食品を入れる密

『千と千尋の神隠し』
「千尋が元気になるようにまじないをかけて作ったんだ」。豚にされた両親を見て不安で一杯の千尋にハクがおにぎりを差し出します。ハクの言葉に，千尋は思わず涙を流し，おにぎりを頬張ります。お弁当には作り手の思いが込められています。
（宮崎駿監督／スタジオジブリ
© 2001 Studio Ghibli・NDDTM）

アニメやマンガに 登場する お弁当シーン

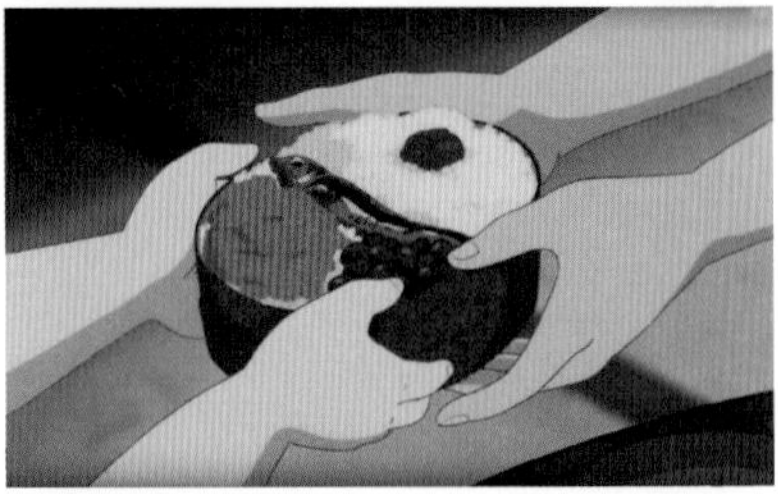

『となりのトトロ』
入院中の母に代わって手際よく家事をこなすサツキ。朝は、父と妹と自分の三人分のお弁当を作ります。お弁当箱の大きさは，それぞれ違いますが，なかは一緒です。ピンクの「桜でんぶ」のかかったきれいで美味しそうなお弁当に妹メイの顔が輝きます。
（宮崎駿監督／スタジオジブリ
© 1988 Studio Ghibli）

『めぞん一刻』
8巻「Part 13 ごめんね LUNCH・BOX」
（高橋留美子／小学館文庫，1997年）

『頂き！ 成り上がり飯』
（奥嶋ひろまさ／徳間書店）
喧嘩に明け暮れる不良校で，主人公ケニーはお弁当で生徒の胃袋をつかみテッペンを目指し成り上がろうとします。喧嘩自慢の荒くれ高校生たちがお弁当のおいしさにパンチ以上の衝撃を感じたり母親を思いだして涙したりします。腕力でなく，お弁当の力で彼らは少しずつ成長していきます。

閉容器のことを指し、そこに簡単にサラダやパンを詰めて携行します。ゆっくり時間をかけて食事を楽しむグルメの国フランスでは、それはブルーカラーの労働者の食べるものといった認識でした。

フランスでの一般的なランチタイムは十二〜十四時、たっぷり時間をかけて食事をします。学生たちは、昼休みにいったん家に帰って食事をしたり、学校での食事でもコースで出されるのが普通で、日本のようなお弁当はありません。「カス・クルート（casse-croûte）」は軽食という意味ですが、バゲットなどの長いパンを横半分に切ってハムやチーズ、野菜などをはさんだサンドイッチのことです。仕事やどこかに出かけるときに簡単にもって行けるので、いわば日本のおにぎりのような感覚のものです。

アメリカではランチボックスやランチバッグはありますが、中に市販のポテトチップスや果物を入れてランチとしているのも珍しいことではありません。ランチバッグは別名ブラウンバッグ（brown-bag）と呼ばれる茶色の小さな紙袋のことです。スーパーマーケットでアルミホイルやラップと並んで大量に売られており、使い捨てのものです。子供が幼稚園や学校のお昼用に持っていくだけでなく、大人がオフィスで食べる昼食も同じようなものです。外食はお金がかかるし、ランチにカトラリー（ナイフやフォークなどの食器）を使うのも面倒くさい、仕事しながら片手で簡単に食べられるようにという理由だそうです。

小さな箱の中に山海の食材を異なる味付けでバランスよく、彩りあざやかに詰めた日本のお弁当は、海外の人たちにとってはカルチャーショックでした。まずマンガやアニメを見た若者たちが「こんなBENTOを食べてみたい！」と思ったのです。

2　手作り弁当のひろがり

マンガやアニメには、お弁当を手作りするシーンがよく出てきます。「キャラ弁」は、「こんな芸術的なランチがあるなんて！」と多くの人にカルチャーショックを与えました。「ＫＡＷＡＩＩ!!（カワイイ）」と注目したのは、女性たちです。「ＫＡＷＡＩＩ!!」は、マンガやアニメとともに広まった言葉で、いまや世界でそのまま通用する日本語です。マンガやアニメにお弁当の手作り場面が出てくるのを目にして、「自分でも作れるかもしれない」、「作ってみよう」と思う人たちが出てきました。

❶「手作り弁当」はスマートな女性の証し

フランスでは、自分らしさを表現できる女性が魅力的と考えられています。ＢＥＮＴＯの手作りを始めたのもフランスの女性たちからでした。最初は、「ＫＡＷＡＩＩ」とＢＥＮＴＯの見た目の美しさにひかれたのですが、手作りしてみると作る面白さにはまりました。手作りすれば、自分の好みに合わせることができ、栄養たっぷりの贅沢メニューもダイエットメニューも自由自在です。詰め方なんで考えてみたこともなかったのに、彩りを考えて詰めるとKAWAII自分だけのオリジナルBENTOの出来上がり、キャラ弁も作ってみると楽しい。BENTOは自分でコントロールでき、自分のセンスを発揮できるエンターテイメント性がある、さらに自分で作れば経済的、と気づいたのです。

お弁当作りは、だんだん他の国にも広がっていきました。ランチ時に持参する「手作りBENTO」は、意識の高い「スマートな（かしこい）女性の証し」として、いま最もトレンディと見なされています。と言っても、お弁当をこんなふうに手作りする人はまだそんなに多くはありません。それだけにみんなの前で手作り弁当を広げるときは、ちょっと晴れがましく得意な気分になるそうです。

❷ 簡便第一から「手作り弁当」へ

アメリカでは、簡便第一、「ランチは空腹を満たせばいい」という考えが大勢です。

筆者は一九七〇年代後半に夫の赴任に伴ってアメリカでの暮らしを二年ほど経験しました。子供が二歳と三歳で、同じ年頃の子と遊べるようにプリスクール（preschool：トイレが自分でできるようになった二歳から五歳までの幼児が通う幼稚園）に通わせていました。慣れない環境のなかで子供も緊張するだろうと、毎日せっせとお弁当を作りました。食べやすいようにと小さなおにぎりや海苔巻き、小さめのから揚げ、ゆで卵、デザートにウサギさんリンゴなど、日本のお母さんが作る普通のお弁当です。

あるとき、用があって早めに子供を迎えに行きました。ちょうどランチタイム、紙袋から出した皮つきのリンゴを丸ごとかじっている子、市販のスナック菓子やクラッカーを食べている子たちの姿に「えっ、これがランチなの？」とびっくりしました。そう言えば「ランチには汚さないで一人で食べ

スーパーマーケットの食品売り場には，「**ランチャブルズ**」がずらっと並んでいます。年齢に合わせた大きさがあり，値段は2ドル99セントから4ドル99セント。店員に聞くと売り上げは上々とのこと。箱を開けると，中には市販のクラッカーやビスケット，薄切りのハムやチーズが入っています。箱に入り種類ごとに分けられているのは日本のお弁当を参考にしています。冷蔵庫で保存できるので，セールの時に買いだめするお母さんも多いそうです。

られるものを」と入園時の説明書にありました。

あれから、かなりの歳月がたちました。いまのアメリカの子供たちのランチの様子はどうでしょうか。アメリカに在住する日本人のお母さんたちのブログに「日米ランチ事情の違い」などの見出しで、よく学童ランチのことが登場します。まるで「おやつ」のような甘いクッキー、ジャムやピーナッツバターのサンドイッチなどのランチに驚く様子は、かつての筆者と同じです。

日本のお母さんたちは、「栄養バランスを考える」「好き嫌いをなくすよう食べやすく」「残さず食べるように美味しく」「楽しく食べられるように見た目もきれいに」などを、お弁当をつくるときの当たり前の心得と考えています。アメリカの学童のあまりにシンプルなランチの内容はちょっとしたカルチャーショックです。

しかし、アメリカの学童のランチ事情にも変化が訪れています。「Lunchables（ランチャブルズ）」という手軽なランチパックが市販され、よく利用されるようになりました。紙箱の中に簡単な仕切りがあり、そこにハムやチーズ、クラッカーなどが詰め合わされています。ピザやパンケーキが主になったものもあります。中身は市販品の詰め合わせですが、専用の箱に入っているというのが、ブラウンバッグやジップロックより上等な感じがして人気なのだそうです。この専用箱は、日本のお弁当箱の影響です。

プラスチック製ではありますが「bento box」も市場に出てきました。『シアトル・タイムズ』が「仕切りのある"bento box"は、コンパクトで見た目もよく、さまざまな食品を詰めて、多様な味が楽しめる、しかも繰り返し使えるので環境にやさしく経済的」と紹介したことから注目され、学童のランチボックスとして取り入れられるようになりました。簡素ではありますが、仕切りを使ってサンドイッチや野菜、果物などを分けて詰め合わせる手作りランチが作られるようになりました。

「ランチボックス・ダッド」のキャラ弁
コフランさんがキャラ弁づくりを始めたのは「学校に行っている間もいつもお前たちのことを考えているよ」と伝えるためだったそうです。いろんなキャラ弁を作りましたが，これは人気の「スーパーマリオ」。お弁当作りは，楽しみながらの子供たちへの愛情表現。（提供：Beau Coffron 氏）

こうした小さな変化から、徐々にサンドイッチにイラストを描いたり、いろんな食材を使ってアニメのキャラクターを模したりなど、「アメリカ版キャラ弁」も作られるようになりました。工夫した「キャラ弁」を人に見せたくなるのはアメリカも同じです。自慢のお弁当を披露するインスタグラムやブログが、人気を呼んでいます。

「キャラ弁」作りに励むのはお母さんだけではありません。ボー・コフランさんは三児のお父さんでビジネスマンですが、子供のお弁当作りが日課です。お弁当の薄切りパン、パスタ、バナナなどを映画やテレビで人気のキャラクターに変えてしまいます。ブログで紹介するさまざまな作品が評判になって「ランチボックス父《ダッド》さん」と親しまれるようになりました。お弁当作りの楽しさは、なんといっても子供の喜ぶ笑顔を見ること。お弁当作りをするようになってから、子供たちに喜んでもらえるようにと、子供たちの見るもの、聞くもの、読むものに今まで以上に関心や注意を払うようになったといいます。「次はどんなお弁当にしようか」と、いつもアイデア探しに余念がありません。アイデアは、いつも子供の言動のなかにあります。

お弁当箱のふたを開けると、作ってくれた人の思いが伝わってきます。空っぽのお当箱は「おいしかったよ。ありがとう」のしるし。お弁当を仲立ちに、家族間の会話も増えました。お弁当が人と人を結ぶコミュニケーションツールだなんて、思ってもみなかった新鮮な気づきであったかもしれません。

❸高まる「お弁当箱」への関心

お弁当を手作りするようになると、お弁当箱への関心も高まってきます。ブログの写真などで日本のお弁当箱の多彩さが注目され、お弁当箱ブームも起こってきました。

日本では、シンプルなものから保温性を高めた機能的なもの、民芸品から漆塗《うるしぬり》など日本の伝統技術を取り込んだ芸術品と言っても過言ではないもの、子供向けの動物やキャラクターを模したもの……など多種多様なお弁当箱があります。しかも、多くの日本人は自分専用のお気に入りのお弁当箱を持っています。また、幼稚園に通う小さな子供、部活の後でもりもり食べたい学生、ダイエットしたい女性、人それぞれの食べる量に合わせて、大きさも自由に選べます。お弁当箱も自己表現のツールの一つ、「携行食の容器にも凝る」というのは、海外に例を見ない日本独自の食文化です。

日本に来て、お弁当箱の多種多様さを知った外国人にとって、それは大きなカルチャーショックでした。海外でも、日本の料理やお弁当のレシピはインターネットなどで数多く発信・紹介されていますが、作った料理を詰めるお弁当箱の情報はほとんどありません。まして、扱っている店はごく限られた和雑貨店で、置いてあるお弁当箱も少数です。

お弁当箱次第で、中の食材がよりおいしそうに見え、お弁当作りもより楽しくなります。蓋を開けるときのわくわく感は、タッパーやブラウンバッグでは味わえません。

「日本のお弁当箱を海外に広めよう」と思ったフランス人男性がいます。京都に住むベルトラン・トマさんです。子どもの頃から日本のアニメやマンガが大好きだったベルトランさんは、日本に憧れ京都の大学に留学しました、留学終了後、日本でビジネスを展開したいと思っていたところ、フランスでの日本のお弁当人気を知りました。早速、二〇〇八年に「Bento&co」というネットサイトを開き、日本のお弁当箱の紹介をするとともに通信販売を始めます。最初はフランス語によるフランス向けの個人販売でしたが、英語や業者向けのサイトも立ち上げて一気に販路が広がりました。一五種類から始めたお弁当箱販売は、一〇年目の二〇一八年には一〇〇〇種類に増えました。海外での日本のお弁当文化への関心の高まりのなかで、今では個人向けには約一〇〇カ国へ発送し、世界一二〇以上の業者に卸売りしているそうです。

二〇一二年には京都にお弁当箱専門店を開きました。取り揃えているお弁当箱は約六〇〇種類、和柄のお弁当箱から檜の曲げわっぱ、漆塗のものまでいろいろあります。多くは産地から仕入れますが、デザイン・加工・塗装まで指示して注文で作ってもらっているオリジナル商品もあります。種類の多

右：**国際 BENTO コンテスト**の案内ポスター
中：2018 年海外部門グランプリ作品
左：2018 年日本部門グランプリ作品
提供：Bento＆co（株式会社 BERTRAND）

さとともに、直接手に取ってみることができるのが好評で、店はいつも多くの外国人旅行客でにぎわっています。見た目に美しいだけでなく、パッキンや中仕切りが付いていて実用的なこともお客さんは見逃しません。タッパーやブラウンバッグに慣れた外国人にとって、どのお弁当箱も新鮮で魅力的に見えるようで、見ているだけでも楽しそうです。お弁当箱は、日本趣味でありながら実用的なお土産として大人気なのです。

❹「国際BENTOコンテスト」

「Bento＆co」では、毎年春に写真による公募で「国際ＢＥＮＴＯコンテスト」を開催しています。応募者は、最初は日本人がほとんどでしたが、第一〇回を迎えた二〇一八年には、世界二九カ国から一三三名の応募がありました。

毎年テーマが出され、二〇一八年のテーマは「ビフォーアフター弁当」、揃えられた食材がどんなお弁当に変身するかが審査のポイントです。世界各国の食材や調理法による、いろいろなお弁当の応募がありました。甲乙つけがたい中から、海外部門と日本部門のグランプリが選ばれました。海外部門のグランプリを獲得したのはドイツ人応募者のお弁当でした。日本部門のグランプリ作品は、まるでお弁当箱の中に花が咲いたようです。工夫が凝らされ、見た目も美しく、おいしそうなお弁当は、まさに一つ一つが「芸術作品」です。

3 「お弁当」と日本の食文化の特徴

「はじめに」に記したとおり、海外における日本食ブームのきっかけの一つは、二〇一三年に「和食：日本人の伝統的な食文化」がユネスコの世界無形文化遺産に登録されたことでした。「日本食を世界遺産に」は、もともとは京都の老舗料亭の料理人たちが中心となって提案されたものでした。健康面の価値だけでなく、独自の精神性と美学を根幹に据え、調理から盛り付け、配膳やもてなしの空間まで美しく整えられた料理技術および作法等の全体を文化として捉え、「会席料理」こそふさわしいと、「日本の会席文化」として登録推進運動を進めていました。ところが、先だって登録申請していた韓国の「宮廷料理」が特別な一部の人だけの食文化として登録見送りになってしまいます。会席料理もまた、一部の富裕な人たちが楽しむ宴会料理です。そこで急遽「和食：日本人の伝統的な食文化」と名称変更されました。

申請時に和食の特徴として「多様で新鮮な食材とその持ち味の尊重」「栄養バランスに優れた健康的な食生活」「自然の美しさや季節の移ろいの表現」「正月などの年中行事との密接な関わり」の四つが挙げられました。「会席料理」は、洗練されたすばらしい日本料理ですが、「お弁当」にもこの四つが見事に生かされています。海外でのお弁当人気は、マンガやアニメのお弁当シーンへの関心から始まったとはいえ、この四つの特徴が「お弁当」にも生かされていることを、外国の人たちは敏感に感じ取っているにちがいありません。

修行を積んだ料理人ではなく、普通の家庭の主婦や女性たち・男性たちが、「お弁当」をつくっています。「お弁当」は、庶民の日常生活のなかに深く浸透している最も一般的な食文化です。それが、海外の人たちに評価され、食の考え方に影響を与えて広がっていくのは、とても誇らしくうれしく思えます。外国人が注目している「お弁当」に見る美意識や知恵は、日本の庶民文化の質の高さを表しています。

庶民の日常の生活様式が「文化」となるのは、一朝一夕で成ることではありません。今、世界が注目している「日本のお弁当文化」は、どのように形成されてきたのでしょうか。社会の変化に、人々はどのように対応してきたのでしょうか。また、今後「お弁当文化」は、どのような方向に向かっていくのでしょうか。

本書では、さまざまな方向から「日本のお弁当文化」に光を当ててみたいと思います。そして、「お弁当文化」を育んできた日本の人々の心情・考え方・信仰心についても紹介していきます。

コラム① 十七世紀の『日葡辞書』に"Bento"の記述

今、海外でブームとなっているお弁当ですが、実は海外から注目されたのはもっとずっと以前のことです。

十七世紀初め（一六〇三〜一六〇四）に、イエズス会宣教師の編纂による『日葡辞書《にっぽじしょ》』が刊行されました。ポルトガル語で説明を付けた日本の言語の辞典で、三万二二九三語が収録されています。布教に際して、日本語習得と日本人理解のために編纂されたものです。室町時代から安土桃山時代によく使われていた言葉の意味や用法が記されており、収録された言葉から宣教師たちが日ごろ接していた日本人の生活の様子を垣間見ることができます。

その『日葡辞書』に、すでに「弁当」についての記述があります。『Bento（ベンタウ）』には、

VOCABVLARIO DA LINGOA DE IAPAM com adeclaração em Portugues, feito por ALGVNS PADRES, E IRMAÕS DA COMPANHIA DE IESV.

COM LICENÇA DO ORDINARIO, & Superiores em Nangasaqui no Collegio de Iapam da Companhia de Iesus. ANNO M.D.CIII.

PROLOGO.

Algũas aduertencias necessarias pera o vso, & intelligencia deste Vocabulario.

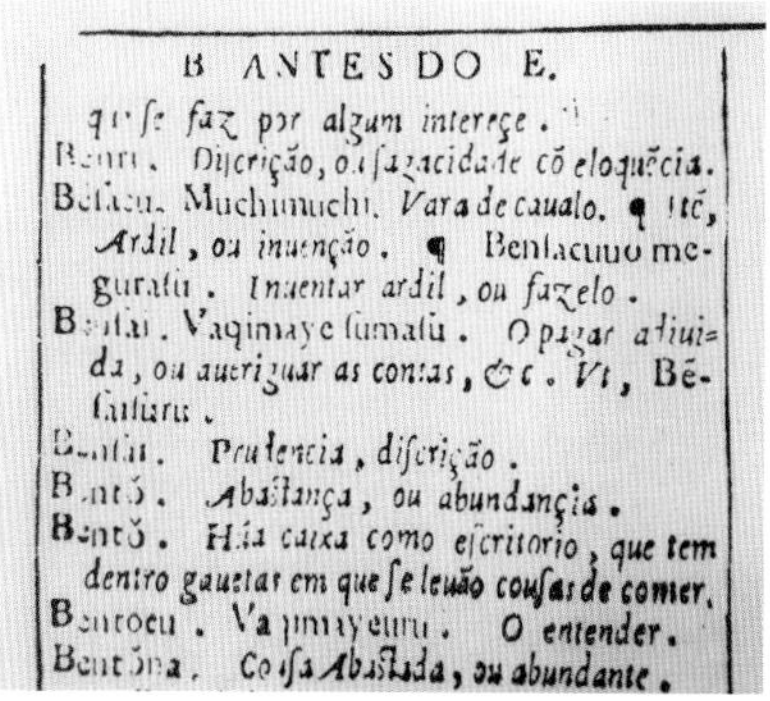
B ANTES DO E.

... que se faz por algum interesse.
Benri. Discrição, ou sagacidade cõ eloquẽcia.
Besacu. Muchimuchi. Vara de cauallo. ¶ Ité, Ardil, ou inuenção. ¶ Bensacuuo meguratu. Inuentar ardil, ou fazelo.
Bensai. Vaqimaye sumasu. O pagar a diuida, ou aueriguar as contas, &c. Vt, Bensaisuru.
Bensai. Prudencia, discrição.
Bentŏ. Abastança, ou abundancia.
Bentŏ. Hũa caixa como escritorio, que tem dentro gauetas em que se leuão cousas de comer.
Bentocu. Vaqimayeuru. O entender.
Bentŏna. Cousa Abastada, ou abundante.

Bensai. ベンサイ（弁済）　Vaqimaye sumasu.（弁へ済ます）借金を返済すること，または，勘定などの決算をすること．例，Bẽsaisuru.（弁済する）　►Benxei.
Bensai. ベンサイ（弁才）　判断力，思慮分別のあること．
†**Bensui**. ベンスイ（鞭箠）　鞭．
Bentŏ. ベンタゥ（便当・弁当）　充足，豊富．
Bentŏ. ベンタゥ（便当・弁当）　文具箱に似た一種の箱であって，抽斗《ひきだし》がついており，これに食物を入れて携行するもの．　►CHA〜; Focai; Varigo.
Bentocu. ベントク（弁得）　Vaqimayeuru.（弁へ得る）理解すること．
Bentŏna. ベンタゥナ（便当・弁当な）　十分な（もの），あるいは，豊富な（もの）．
Bentŏni.（便当に）

『日葡辞書』
上：扉頁と序
中：Bento の項目
下：『邦訳　日葡辞書』の同項目（岩波書店）

「充足、豊富」という意味と、「文具箱に似た一種の箱であって、抽斗《ひきだし》がついており、これに食物を入れて携行するもの」という意味が記されています。

「充足、豊富」という意味が記されているのは、興味深いことです。お弁当が、食べる人にほっとする安らぎと充足を与えてくれるものと見なされていたことがわかります。

［参考］一般社団法人 Plenus 米食文化研究所ウェブサイト内「弁当ライブラリー」
https://kome-academy.com/bento_library/

第一章 「働く力」とお弁当

歴史を振り返ってみると、もともと「お弁当」は、働く場所に持って行く日常的な携行食でした。田畑での農作業、山での伐採作業や狩猟、海での漁撈、仕事の場面はいろいろですが、食べることは「働く力」の源です。そして、仕事の場は真剣で厳粛な場であり、何よりも「実用」が優先される場でもあります。どんなお弁当の工夫があったでしょうか。

1 里の民のお弁当

現代では日本は世界に冠たる工業国の一つですが、近代化する以前は長らく、農業が日本の基幹産業でした。「豊葦原瑞穂国《とよあしはらみずほのくに》」（稲が豊かに稔り栄える国）と自らの国を謳い、米が食の中心で、国家経済の基盤でもありました。代々の政策の基本は農業政策であり、国力は米の生産高で決まり、税は米で納められました。

かつて、子供たちは「『米』という字は八十八と書き、お百姓さんの八十八回の手間がかかっている。その労に感謝し、一粒たりとも無駄にしてはいけない」と教えられました。今でこそ農業も機械化が進みましたが、人力が中心だった時代の農作業はきつい肉体労働でした。米作りを例にとると、田耕《たすき》や代掻《しろか》きといった土作り、種まき、田植え、施肥、雑草取り、作物管理、刈り入れ、脱穀と農作業は続きます。天候に左右され、虫害もあります。稲は生き物ですから、時期を計って一気に行わなければならない作業もあります。

野良に耕作に出かけるときのお弁当は、労働を支えるために重要なものでした。

❶田植時の「コビリ（小昼）」

日本で本格的な農業の機械化が始まったのは、昭和の太平洋戦争（一九四一～一九四五）の後のことです。明治時代の終わりごろに農用機械が用いられはじめましたが、それはごく限られた大農家だけのものでした。戦前でも、耕運機などの移動しながら作業する機械は皆無でした。機械化は、戦後の農地解放（一九四七）によって農家の大部分が自作農となり、増産技術の導入を積極的に行うようになってからのことでした。

長い間、人力が主体であり、その頃は「田植え」などの重要な作業は、村総出で共同して行いました。「田植え」は主に女性の仕事でした。男性が苗を運んで田に縄を張り、型枠（田植え定規）を転がして目印を付けたあと、女性たちが苗籠を腰に付けて苗を三、四本ずつ取り、目印に従って真っ直ぐに植えていきます。
この植え方は「正条植《せいじょううえ》」と言い、明治時代初めに近江国（今の滋賀県）の篤農家大岡利右衛門《おおおかりえもん》（一八三二〜一九一二）が工夫したものです。それまでの田植えは、「乱雑植《らんざつうえ》」と言って種籾のばら撒きで行われていました。収量を上げることは農民の願いです。稲がよく育つためには、日光がよくあたり、風通しもよいことが重要です。同じ間隔で整然と苗を植える「正条植」は、稲にむらなく日があたり風通しもよくなり、除草や施肥の作業の能率も上がって、収量が大きく増えました。「正条植」は手間も時間もかかりますが、明治時代後半から多くの農村に普及していきました。

とはいえ、田植えは短期間に一気に行う必要のある作業で、「ユイ（結い）」とか「テマガエ（手間替え）」といって互いに労働力を交換しあったり、田植え人を雇ったりして共同で行いました。

農作業に向かうとき、通常は各自が「メンパ」と呼ばれる容器に麦飯や梅干などを詰め、それを農作業の道具と一緒に「しょいかご」に入れて持って行きました。「メンパ」とは「面桶（めんつ・めんつう）」のことで、一人用の木製の曲げ物の飯入れを指し、「べんとう」の語源とも言われています。田植えのような大人数での共同作業のときは、「桶弁当《おけべんとう》」と言われる大きな桶に握り飯やおかずをぎっしり詰めて天秤棒で担いでいきました。腰をかがめての手作業の田植えはつらい作業でしたが、田の畦《あぜ》でみんなで食べるお弁当のおいしさは格別なものだったと言います。

田植えの作業は、朝六時ごろに田に入り、作業は夜八時ごろまで続きました。朝まだ暗いうちから夜遅くまで働き尽くめのお百姓さんたちは、三度の食事だけでは体力が持たないため、朝食と昼食の間、昼食と夕食の間に「コビリ」をとってお腹を満たしました。

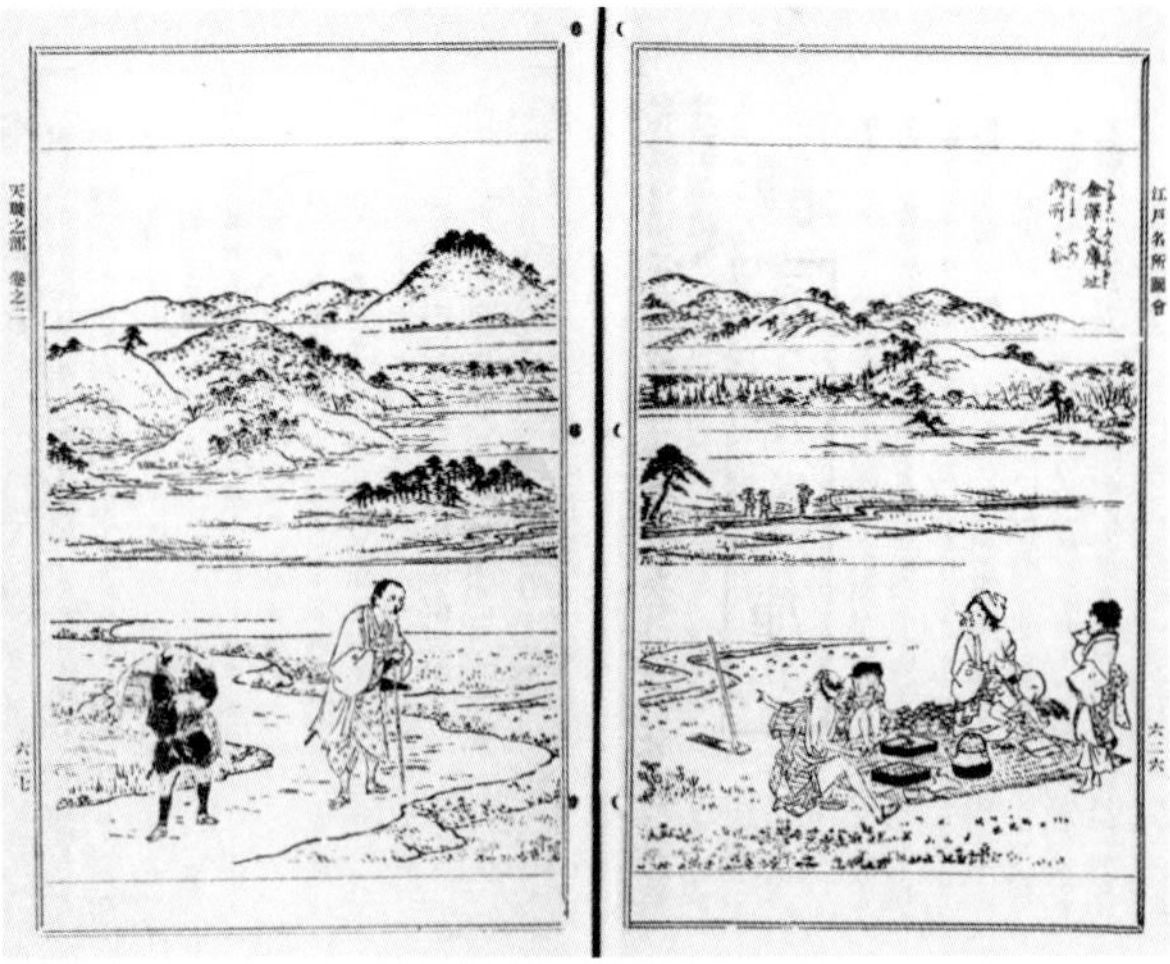

農村での昼食風景
『江戸名所図会　金澤文庫址御所の松』
天璇之部，巻之二　国立国会図書館蔵

「コビリ」とは「小昼」から転じたもので、軽い食事のことです。休憩の時間ともなれば、田圃のあちこちで大勢が輪になって「コビリ」を楽しむ風景が見られました。餡入りの団子や餅、煮しめ、おにぎり、巻き寿司、いなり寿司、おこわご飯……等々、「コビリ」にはその家その家の工夫や味付けがありました。朝早くから、冷たい水田で田植えをする人たちのために農家のお母さんたちが心をこめて作りました。

水田耕作は手間のかかる農法ですが、日本の国土事情に合い定着しました。ふつう、同じ作物を連作すると地力が落ち、収量が減るだけでなく病気も発生しやすくなります。そこで、作物を作った翌年は土地を休ませる必要がありますが、山地が多く平地の少ない日本では農耕地を休ませる余裕はありませんでした。水田耕作にはこうした障害がなく、連作可能であり、しかも太陽エネルギーの変換率が高く収量が多いという利点があります。ちなみに、近畿農政局の資料によると十五世紀頃の日本では、蒔いた稲の種と収穫との収量比は二〇倍以上あり、欧州の小麦の収量比が約五倍でしたから、水田耕作がいかに優れているかがわかります。現在では稲の収量比は一三〇倍以上だそうです。

労力のかかる耕作法を選択したぶん、働く人をねぎらう気持ちも養われていきました。お弁当は、家族や地域の人々との連帯の絆を強化するものでもありました。

❷「穀霊信仰」と「田植祝い」「サオリ」「サノボリ」「ハンゲ」

田植えはまた、神聖な行事でもありました。古来、各地には「春秋去来の伝承」があり、「山の神は、春の稲作開始時期になると家や里へ下って「田の神」となり、田仕事にたずさわる農民の作業を見守り、稲作の順調な推移を助けて豊作をもたらす」といわれていました。

「田の神」を「サ」と言い、田植えをする女性たちは「サオトメ（早乙女）」と呼ばれました。サオトメの「サ」は「斎」でもあり、女性たちは田植え前に忌《い》み籠《ごも》りをして身を清めました。「サナエ（早苗）」「サニエ（齋庭）」「サナブリ（代掻き＝泥田を掻きならすこと）」など、田植えに関しては「サ」という接頭語がつく言葉が多く、神聖な作業であることを表しています。

「田植祝い」という風習が各地に残っています。「田植祝い」とは、田の神「サ」と人々との共食による祝宴です。まず、田植え前に田の神「サ」を祀ります。地方によって多少の違いはありますが、苗三把を「サ」の神座として祀り、赤飯を供えます。苗を依代《よりしろ》として「サ」が降りてこられるので「サオリ」と言い、お供えした赤飯はあとで皆で食します。田植えが終わると、田の神「サ」に感謝し、豊作を祈って手伝ってくれた人々とともに盛大な「サノボリ（早苗饗）」の宴を開きました。「サノボリ」とは、田の神「サ」が田植えの終了によって山へ帰ることを意味します。御神酒や餅を供えて拝み、そのあと酒食の宴になります。

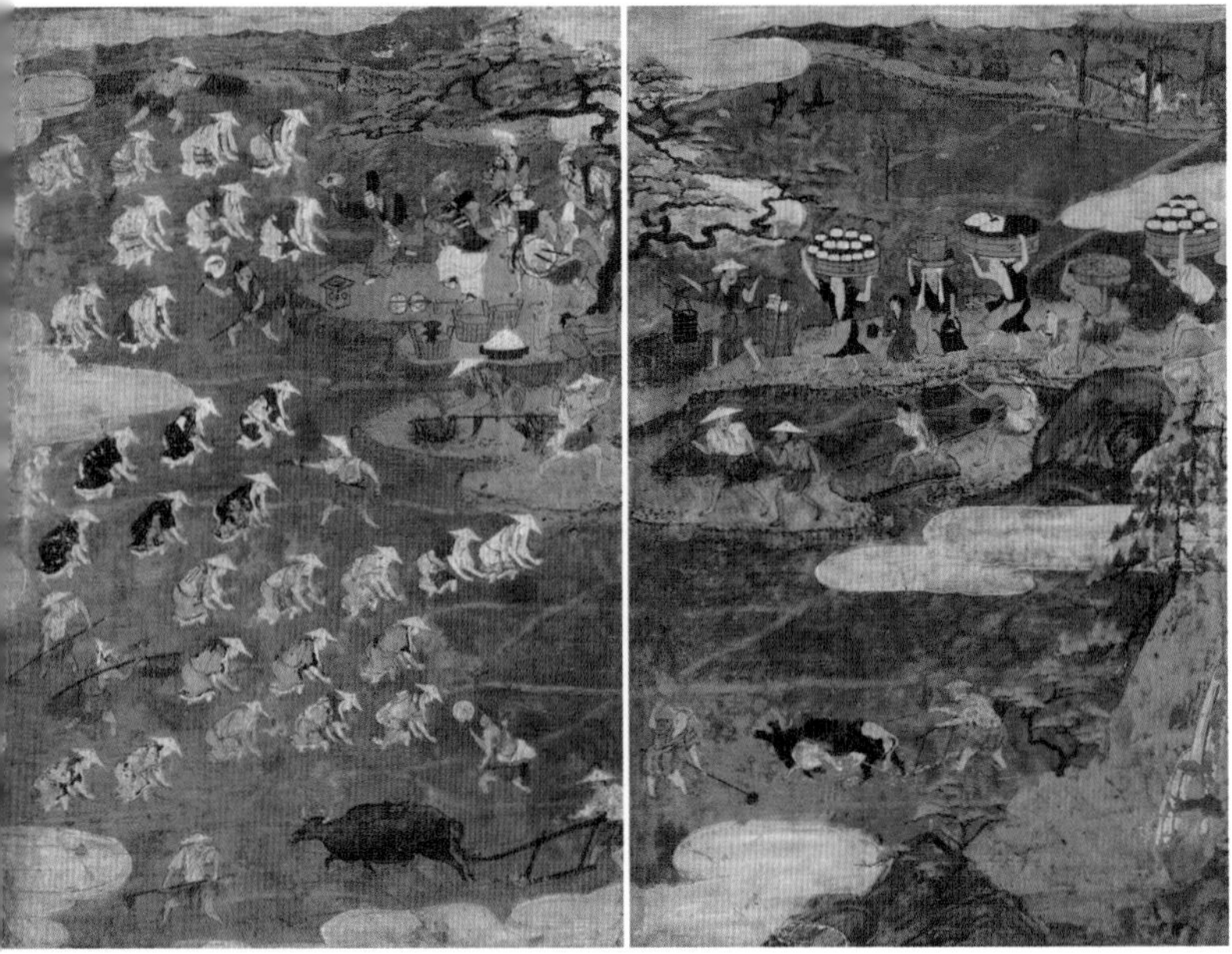

『月次風俗図屏風』（第 3，4 扇）　東京国立博物館蔵　Image: TNM Image Archives
室町時代後半の田植えの様子が描かれています。早乙女たちがはなやかな衣装で田植えにいそしむ傍らで田楽の集団が仮面をかぶり歌や踊りで囃しています。田楽が田植えの神事として始まったことが，この絵から伝わってきます。働く人たちのために，大きな桶にたくさんのお弁当を入れて運ぶ人の姿が見えます。田楽の集団の足元には，酒の入った桶があり，おにぎりが高く積まれています。休憩時の食事は，労働の励みであり大きな楽しみであったことでしょう。田植えは共同作業で行う一大イベントでした。

「田植祝い」や「サオリ」「サノボリ」のご馳走にはさまざまなものがありました。大豆飯、小豆飯、エンドウ飯と言った「かわり飯」や、ニシン、凍《し》み大根、昆布、大豆などを煮込んだ煮染め、ぼた餅などが並びました。ご馳走は、田の神「サ」への祈りと感謝を込めた「お供《そな》え」であり、そのあとの宴は、神と同じものを共食することにより、神との「絆」を深め、神の霊力を得ようとするものでした。

夏至から数えて一一日目の七月初旬を「ハンゲ（半夏）」「ハンゲショウ（半夏生）」と言いますが、この日は農耕の節目であって、農村には多彩な風習がありました。「半夏半作」という言葉がありますが、この日までに田植えを終えなければ実りが遅れ、収穫が半分になるという意味です。

中国地方では、田植えや麦刈りなどの農作業が一段落する「ハンゲ」の日、「田の神」は畑に移って「畑の神」になり、「イノコ（旧暦十月の亥の日）」に山の畑を経て山に帰ると信じられていました。「ハンゲ」の日は収穫の前祝いの儀礼として、農耕を休み、餅や団子、寿司などの御馳走を食して骨休めしました。「泥落とし」と言って、「泥落とし弁当」を作る地方もありました。

讃岐地方では、七月二日がうどんの日になっていますが、これは半夏生の日に田植えや麦刈りが終わった慰労にうどんを打ったことに由来するそうです。「田の神」が山に帰る「イノコ」の日は、稲刈りも済み「カリアゲ（刈上げ）」と言って、田の脇に新しい刈穂を積んで祀り、「カリアゲモチ」（ぼた餅）を作って供えました。

農耕の収穫は、天候不順や自然災害など人間の力の及ばない自然現象に大きく左右されます。稲作が渡来し本格的な農耕が開始された弥生時代から、目に見えない自然現象に神を見いだし畏敬する穀霊信仰が生まれたのです。

2 山の民のお弁当

日本の総面積は約三七・八万平方キロメートルで、その約四分の三が山岳地帯であり、国土の約六六％が森林におおわれています。そうしたなかで、古きより狩猟や焼畑耕作、炭焼、杣《そま》（木材の伐採）や木挽《こびき》（製材）、木地師（木器製作）、鉱山関係など、山で暮らす人々の生業がありました。なかでも営林は、建築や生活用材、燃料としての経済価値を持つ重要な産業でした。江戸時代には、豊かな森林資源に恵まれた地域（飛騨、木曽、日田、吉野、徳島など）は幕府直轄の「天領」とされ、村民による伐採が禁じられて大切に守られてきました。

『遠江山中』葛飾北斎
遠江国（静岡県）の山中での木挽き風景。巨大な材木の上に乗って懸命に大鋸を挽く男，材木の下から背をそらせて大鋸を挽く男，左下には鋸の目立てをする男が描かれています。ちょうど，子供を背負った女性がお弁当を届けにきたところです。

❶「木挽きの一升飯」「目張りずし」

杣《そま》とは、古代・中世では国家や権門が所有した山林のことを指し、近世以降、そこから切り出す木材や林業従事者のことを指すようになりました。詳しくは、樹木の伐採、木材の加工にあたる人を杣、材木を鋸でひき板材をつくる作業をする人を木挽と呼びます。

杣や木挽たちは二〇～四〇人が一組となり、親方の指示に従って行動します。人里離れた山奥で一～二ヶ月滞在して、杣小屋と言われる小屋で共同生活をしました。米、味噌、塩、塩魚などの食料を入山するときに大量に運び上げ、山中で山菜やイワナ、ヤマメ、キノコ、木の実などを採りながらの生活でした。伐採が進むにつれて、作業場所はさらに奥山へと移動し、伐採だけでなく、橇《そり》を利用して急斜面を下る運材作業、冷たい川の中での筏組みなど、作業は危険を伴い、体力のいる重労働でした。重量物である材木を運びやすくするために、木挽仕事（製材）も山でしました。

山仕事に行く木こりが携行した「**一升わっぱ**」。二段になっていて，上段・下段の弁当箱に5合ずつ一升の飯が入り，すっぽりと被さる深い蓋がついています。中に詰めたのは「ヒルメシ」，昼飯と中《ちゅう》飯《はん》の2食。それぞれに4人分入っており，合計8食がこの「一升わっぱ」に詰まっていました。
（提供：柴田慶信商店　わっぱビルヂング　世界の曲げ物ミュージアム）

「木挽きの一升飯」という言葉があります。これは大飯を食べなければ持たないほどの重労働であったことを表しています。動力による製材機械が普及する昭和三十年代くらいまでは、「前挽《まえびき》大鋸《おが》」という鋸身だけで五キログラムもある巨大な鋸《のこぎり》で製材していました。山仕事へは、夜が明ける前から出かけます。メンパ（曲げわっぱ）の弁当箱の本体とふたの両方に五合ずつ一升のご飯を詰めて、朝食、昼食の二回分のお弁当としました。食べやすいように握り飯にすることもありました。南紀・熊野地方に伝わる「目《め》張《は》り寿司《ずし》」は、麦飯の大きなおにぎりを高菜漬でくるんだものです。山で働く樵《きこり》たちのお弁当として、多忙な仕事の合間に手早く食べられるようにと作られました。「目を見張るほどの大きい口をあけて食べる」「目を見張るほどおいしい」ところから「目張りずし」と呼ばれるようになったそうです。大飯は、作業のための力のもとでした。

❷「ゴヘイモチ」と山の神信仰

飛騨地方の名物「ゴヘイモチ（五平餅）」は、飛騨だけでなく長野県木曽・伊那地方、岐阜県東濃地方、富山県南部、愛知県奥三河地方、静岡県北遠・駿河地方や山梨県の山間部にも伝わる郷土料理です。山仕事をする人のお弁当であるおにぎりを、樵《きこり》の五平という人物が潰して味噌をつけて焼いて

御幣（宇治市木幡許波多神社）と**ゴヘイモチ**
御幣は「神への捧げ物」を意味し，その品を依代として神が宿ると考えられ，最も貴重な品を捧げました。ゴヘイモチは人々にとって最も貴重な米を餅にして捧げたもので，神への祈りの深さが感じられます。

食べたのが始まりだとする伝承もありますが、神にささげる御幣《ごへい》の形をしているのが特長です。御幣は、かつて神に布帛《ふはく》（綿、麻、絹などの織物）を奉るときに木に挟んで供えていたことから、竹または木の串に二枚の紙垂《しで》を挟んだ形をしています。紙垂とは、落雷があると稲が良く育ち豊作になるといわれることから、雷光・稲妻をイメージして紙を折りたたみ、切って形作り垂らしたもので、邪悪なものを追い払うとされます。

農地の少ない山間部に住む人々にとって米は貴重なものでしたので、ゴヘイモチは日常の山仕事に携行するお弁当というよりも祭礼のときのお供えであったとする説のほうが正しいでしょう。木樵、猟師、木地師、鋳物師などの山の民は、山の動植物や鉱物を支配し、山の民の生業に対して恵みをもたらすという「山の神」信仰をもっていました。山の民は「山入り」や「山じまい」などの「山の神祭り」のときにゴヘイモチをつくり、「山の神」に供えて盛大な酒盛りの宴をしました。貴重な米を炊いてつぶして餅にして、神にささげたのです。

中部地方の山村では「ゴヘイモチ（御幣餅）」といいますが、奥州では「タンポヤキ」、北関東の山村では「バンダイ餅」ともいいます。「バンダイ餅」は、元は山小屋でのみ作ることのできる食べ物でした。どの餅も味噌を塗って焼いてあるのは、「山の神」が味噌のにおい、特に焼いた味噌のにおいが大好きだからだそうです。串餅なのは、神にささげる御幣の代わりだからとか。「山の神」に供えたあとは、みんなで食べました。

❸「マタギ」――山神信仰と「カネモチ」

耕作地の少ない山間部の住民にとって、狩猟は重要な生業でした。東北地方・北海道では狩猟を専門とする「マタギ」という伝統の猟師集団がいました。狩猟の対象は主としてツキノワグマでしたが、他に、カモシカ、ニホンザル、ウサギなども獲物としました。山村に有害な鳥獣を狩るという役割もありましたが、古来ツキノワグマの胆嚢《たんのう》は万能薬として知られ、毛皮や骨、血液、脂肪までもが薬や厄除けのお守りとして余すところなく高値で取引されたため、現金収入がほとんどない山間僻地の住人たちにとって、クマは貴重な収入源だったのです。

「マタギ」は漢字で「又鬼」と書き、クマでさえ撃ち殺すのだから「鬼」より「また」強いところからの呼び名だとか、あるいはアイヌ語の「冬の人」「狩猟をする人」という意味の「マタンギ」がその名の由来だとか言われています。アイヌは、北海道を主な居住圏とする独特の文化を持った先住民です。

マタギは、集団猟を得意とし、森の木の葉が落ちて山中でも見通しが利くようになる初冬になると、奥深い森林に分け入り、数日間にわたって狩猟を行いました。「マタギは冬分は山に入って、雪の中を幾日となく旅行し、熊を捕ればその肉を食い、皮と熊の胆を付近の里へ持って出て、穀物に交易してまた山の小屋へ帰る。ときには、峰伝いに上州、信州の辺まで、下りて来ることがあるという」と民俗学者の柳田國男(一八七五〜一九六二)は『山の人生』に書いています。

マタギたちは、山神信仰と厳しい戒律のもとに狩猟をしていました。「山は山神様が支配するところであり、クマは山神様からの授かり物」という思想を持ち、獲物を「山の神」の恵みとして感謝し、決して必要以上に乱獲せず、祈りとタブーで己れを律していました。クマは人に恵みをもたらす「マラプト（客人《まろうど》）」〔マラプトはアイヌ語〕であり、お土産である肉や毛皮をいただくお礼に、その魂をきちんとあの世に返さなければならないと考えていました。ですから、クマをしとめるとその御霊を慰める儀式、獲物を与えてくださった山の神様に感謝する儀式を執り行いました。マタギは山の中では独特のマタギ語を使い、特別な呪文や風習を持っていました。

マタギの風習はアイヌ文化との類似性が多く、アイヌ文化の影響が指摘されています。アイヌは、動植物や自然現象すべてを魂が宿る神と考え、その神々と友好的な共存共生を維持しながら採集狩猟生活を営んでいました。ですから、生活に必要な分だけを神に頼んでいただきました。また、「すべてのものの魂は死んで天に昇り神になる、そしてまたこの世に戻ってくる」と生命の循環を信じていました。

こうした共生と循環の思想がマタギにも受け継がれていました。マタギの携行食は米と塩または味噌だけ、クマを捕ればその肉を食しましたが、自身の食べ物もまた必要分だけでよし、と考えていました。

しかし、長期にわたって冬山のクマ狩りに出かけるときには、必ず携行する食糧がありました。「カネモチ」です。「カネモチ」は、生米の粉を味噌か塩で味付けし、よくこねて、囲炉裏の灰の下で葉っぱに包んで蒸して作りました。丸形と楕円形の二種類を作り、二個一組にして携行しました。丸形は太陽を、楕円形のは月を意味します。出発に先立って、山神様にお供えしてから持参しました。狩りの安全と加護を祈る宗教的な意味もあり、山神様に供えた「カネモチ」は、女性は決して食べることができませんでした。

山での滞在が長くなって持参の米が不足すると、それぞれのマタギたちの米を集め、等分に分けて食べました。吹雪になって里に下りることもできず、いよいよ食糧がなくなると、最後の食糧としてこの「カネモチ」を食べるのです。

寒気厳しい冬山の氷点下十数度以下という環境のなかでも、「カネモチ」は決して凍らない耐寒性の食べ物でした。非常に弾力があり、少しかじっても腹の足しになり、握り飯よりも腹持ちがよく、栄養面でも保存性からも非常に優れた携行食でした。トチの実やアワ、ヒエなどを混ぜたものも作られましたが、冬山に入るときの「カネモチ」は、どの地域のマタギにも共通して、米以外の素材が入っていないものでした。だいたい生米一升（約一・五キログラム）から七個の「カネモチ」、一斤（六〇〇グラム）の米粉から丸形の「カネモチ」を七個作ったそうです。

民俗学者の祖と言われる菅江真澄《すがえますみ》（一七五四〜一八二九）は東北地方を旅し、マタギとカネモチについても『秀酒企乃温濤《すすきのいでゆ》』（一八〇三）という書に記録を残しています。マタギは、つねにクラギヤという長い布袋を腹巻として身に着けており、その中にカネモチを入れていました。雪の大岳小岳を歩き、大雪に降られ、一人となって冬山の深山に泊まるときや米もなく空腹のとき、このカネモチを食べて命をつなぎました。

また、マタギは冬山に出発するとき、カネモチを粉雪に落として雪の深さを測り、それによって背負っていく荷物の量を加減したそうです。

冬山での狩猟は命がけのものでした。カネモチは、マタギの知恵が生んだ携行食でした。

コラム②　寒冷地の知恵　凍らない餅の秘密「ごんぽっぽ」

東北地方には、昔から冬の寒さを利用して作る保存食があります。阿武隈地域の「凍《し》みもち」もその一つです。気温が氷点下二〇度前後になる一月末頃に、もち米とうるち米粉と「ごんぽっぽ（オヤマボクチの葉）」を混ぜて餅を作りました。「ごんぽっぽ」は春に摘んで乾燥させておきます。ついた餅をスライスして紐でスダレ状に軒下で吊り下げられるようにし、二か月ほど寒気の中で干します。すると、寒ければ寒いほど餅に含まれる水分の結晶が大きくなり、水で戻しやすく、つきたての餅のようなやわらかな食感になります。「ごんぽっぽ」を入れるのは、餅が乾燥したときに割れないようにするためですが、「ごんぽっぽ」の長くて細い繊維がつなぎとなって、なめらかな食感になるのです。米粉で作る餅は、のびや弾力に乏しいのですが、「ごんぽっぽ」を入れるとコシが強くしっかりとした歯ごたえになります。米を節約するための増量材にもなり、ミネラルの補強にもなります。

ごんぽっぽ（オヤマボクチ）

オヤマボクチはキク科の多年草で「山ごぼう」とも呼ばれます。根は漬物にし、葉はそばのつなぎにも使われます。オヤマボクチ自体の風味がほとんどないのでそば本来の風味が生き、コシも強くなるのです。オヤマボクチは漢字では「雄山火口」と書き、かつて葉の裏に生えている綿毛を、火打ち石から起こした火種を移す火口（ほぐち・ぼくち）にしたことが名前の由来です。秋になると暗紫色のアザミのような花が咲きます。以前は、山野に自生していましたが、今は栽培されています。

［参考］『米のおやつともち』農山漁村文化協会

3　海の民のお弁当

日本は四方を海に囲まれた島国です。周辺海域は国土面積の一二倍にものぼり、寒流の親潮（千島海流）と暖流の黒潮（日本海流）がぶつかり合っていることから、冷水性の魚と暖水性の魚の両方が回遊・生息し、豊かな水産資源に恵まれています。こうした国土環境のために、古くから漁業が発達しました。

大宮の　内まで聞こゆ　網引《あびき》すと　網子《あご》ととのふる　海人《あま》の呼び声
あり通《がよ》ふ　難波の宮は　海近み　漁童女《あまおとめ》らが　乗れる船見ゆ

と、海や浜での漁撈活動をうたった歌が『万葉集』にも採録されています。

❶「船弁当」の工夫

漁師の仕事は夜明け前から始まります。魚種や季節にもよりますが、夜明け前や早朝は活発に活動している魚が多いのです。市場が開く前に獲れたての鮮度のいいものを持ち込もうと、漁師の多くは三時半起床、夜明け前の四時には出港です。よいスポットを求めて沖合に進み、漁が始まります。

例えば定置網漁では、沖合およそ三キロで定置網をしかけ、二艘の船で魚を追い込み、獲物を逃さないよう、全員で力を合わせて一気に網をひきあげます。早朝の三時間、漁師たちには、休む時間もありません。水揚げを終えてやっと朝食です。作業が終わり、空《から》になった船の上で、お弁当を広げます。

漁師のお弁当は、ヒノキでできた桶状の「船弁当」。網に入れてバッグのように持ち運びました。一つで一人用、七合のご飯が入ります。仕事量が多かったかつての漁では、朝と昼の二回分を詰めて出かけました。もしものときに備えて一升五合入るものもありました。

漁は気を抜くことができない重労働、だから、ご飯をしっかり食べなければ勤まりません。まずいご飯では、仕事の士気が上がりません。ヒノキの曲げわっぱの「船弁当箱」は、水分を適度に吸い、ご飯のおいしさを保ってく

「漁師弁当」 高岡市立博物館蔵
船弁当のほとんどは，2〜3日の漁にも持っていけるように大型の弁当箱でした。上の段から食し，その後船上で炊いたご飯や獲った魚を入れました。中でご飯の熱が充満し魚が蒸されて熱が通りました。非常の時には，船の中の水を掻き出す桶や浮き（救命具）になり，漁師たちはこの弁当箱を網に入れてバッグのように持ち歩きました。

れます。

弁当箱は二段になっていて、一段目にはご飯を入れ、二段目には平たい茶碗を入れます。カブス汁（漁で捕った魚を使ったみそ汁）を飲むためのもので、食べ終わったら、漁の分け前のカブス（汁の具となった魚たち）を入れて、家族へのお土産に持って帰るのです。漁師のお弁当はご飯だけ、あとは現場調達です。

昔から「板子一枚下は地獄」と言われ、漁師はつねに危険と隣り合わせの仕事でした。広い海原に船を浮かべて魚を獲る際には、どんなに注意していても不慮の事故が起きてしまうことがあります。特に多いのは、転落事故。海は時化《しけ》たり、ときには台風や嵐に見舞われたりすることもあります。そんな咄嗟《とっさ》のとき、機密性のある船弁当箱は海の上でプカプカ浮いて「浮き（救命道具）」になるのだそうです。また、船が水をかぶったときには、水を掻き出す桶にもなりました。海で働く漁師の知恵が生んだ弁当箱です。この弁当箱は、地域によって呼び名が変わっても、全国の多くの漁港で使われています。

❷「船霊信仰」と漁師の心意気

漁業は運に左右される仕事です。つねに危険をともなうだけでなく、漁の出来高は天候などの自然界の変動に大きく左右される不安定なものです。不漁ともなれば、日々の生活に重大な影響を及ぼします。ですから、古くから漁村では「船霊《ふなだま》信仰」「竜神信仰」「恵比寿信仰」「稲荷信仰」「金毘羅信仰」など、海上の安全と大漁を祈願する多くの信仰が根付いてきました。

漁師弁当。「**メンパ**」「**浜わっぱ**」とも呼ばれる
提供：外川ミニ郷土資料館

例えば、「船霊」とは航海安全の守護神のことです。新造船の船おろしの際、船大工によって船の舳先の船梁部分に四方形の穴を彫り込み、そこに御神体が納められます。御神体は男女一対の人形で、地域によって異なりますが、さらに賽子《さいころ》や女性の毛髪、銅銭、塩、五穀などを船の柱の下部、モリとかツツと呼ばれる場所に安置しました。出港時や朝に豊漁を祈願して白米や御神酒などを供え、このときに「チチ」とか「チリチリ」とか音がすると、これを「船霊様が勇んでいる」として豊漁の予兆と見なしました。大漁時にはその御礼に船主の家で酒宴が開かれました。

　正月や節供《せっく》など漁の休みにも、船に松飾りや注連飾《しめかざ》りをし、御神酒、洗米、餅、塩などを供え、大漁旗を立てて船霊様を祀りました。船霊様は、ほぼ全国で信仰されていますが、天平勝宝四（七五二）年、淳仁天皇（七三三〜七六五）のときに「船霊祭」を行ったという記載が『続日本紀』にあり、古くから信仰されていたことがうかがえます。

　漁師はさまざまな失敗や成功の経験から海や魚の習性について学んでいきます。しかし、海は広大で人心でははかり知れない力を持っています。自身がまだまだ無知であることを痛感させられることも少なくありません。それが信仰深くさせ、縁起をかつぐことにつながっているのでしょう。

　また、漁業は漁師の腕次第で、たくさんの魚を獲ることができるという側面も持っています。海上での魚との格闘などさまざまな経験が、漁師の腕である知識と技術を磨きあげていきます。お弁当は、その漁師の現場での格闘の力のもととなるものです。

4　「お弁当箱」の用と美

働く人々のお弁当箱には、日常の用途に応じた使いやすさという機能だけでなく、非常時に際しての知恵や工夫が凝らされています。また、おいしく食べられるようにとの配慮も込められています。例えば「曲げわっぱ」。ヒノキや杉の材は通気性がよく熱がこもらないので、中に入れた食品が傷みにくいという特徴があります。角を作らない丸い形は軽くて丈夫な上に、ご飯をすくいやすいという利点を持っています。木肌は、余分な水分を吸収し、適度な湿度に保ち、ご飯のおいしさが変わりません。余分な水分が吸われると、米粒の表面にデンプンやアミノ酸の層ができて、米粒を包み込みおいしさを逃さないのです。よく「おいしいご飯は米粒が立つ」と言われますが、これがその秘密です。

南北に長い国土をもつ日本では、地域によって気候も異なり、生育している植物や人々の生活様式も異なります。お弁当箱は、竹や柳など地域に育つ自然素材を用いて、普段使いに耐えるよう丁寧に堅牢に作られています。美しく見せようという作為はないのに、用に即した簡素でのびやかな美しさが備わっています。

こうした生活具の持つ素朴な美しさを、柳宗悦《やなぎむねよし》（一八八九〜一九六一）は「民芸（民衆的工芸）」と呼びました。名もない人々の日常の暮らしの実用から生まれた手仕事の文化、「無名の美」「自然の美」「健康の美」に強く惹かれたのです。柳は、「民芸」の特性を次のように説明しています。

一．実用性：鑑賞するために作られたのではなく、なんらかの実用性を供えたものである。
二．無銘性：特別な作家ではなく、無名の職人によって作られたものである。
三．複数性：民衆の要求に応えるために、数多く作られたものである。
四．廉価性：誰もが買い求められるほどに値段が安いものである。
五．労働性：くり返しの激しい労働によって得られる熟練した技術をともなうものである。
六．地方性：それぞれの地域の暮らしに根ざした独自の色や形など、地方色が豊かである。
七．分業性：数を多くつくるため、複数の人間による共同作業が必要である。
八．伝統性：伝統という先人たちの技や知識の積み重ねによって守られている。
九．他力性：個人の力というより、風土や自然の恵み、そして伝統の力など、目に見えない大きな力によって支えられているものである。

ヒノキの弁当箱

竹で編んだ弁当籠

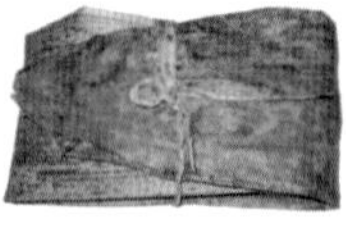
竹の皮の弁当包み

曲げわっぱ

「平常美是美」、人々の日常生活の「用」において自然に感得される生活の美学、この日常生活のなかに溶け込んでいる美意識の高さこそ、日本文化の特徴といえましょう。お弁当箱にも、それがよく表れています。

コラム③ ブルーノ・タウトのお弁当籠

日本の伝統や美意識に目をとめた人にドイツ人建築家ブルーノ・タウト（一八八〇〜一九三八）がいます。タウトは、「鉄の記念塔」「グラスハウス」など表現主義の建築や労働者のための健康を考慮した集合住宅《ジードルング》の設計で有名な世界的建築家です。今も現役で人が住んでいるタウト設計のベルリンの労働者集合住宅群は、二〇〇八年に世界文化遺産に登録されました。また、『日本美の再発見』などの著書で桂離宮や伊勢神宮などの日本建築の美しさを世界に紹介した人でもあります。

タウトは、日常生活、社会生活、そして純粋な精神生活という三つの要素を融合させたとき、初めて完璧な世界となる、というユートピア思想を持っていました。そして、ワイマール共和国時代のドイツで、生活と工業と芸術を一体化する「バウハウス」運動でも活躍しました。女性の家事動線を初めて提唱し、生活自体をデザインするという視点から、住居にあわせて暮らしの道

タウトデザインの**西上州竹皮網**のお弁当箱（提供：前島美江様）

具もデザインしていました。

のちに台頭してきたナチスの迫害から逃れ、一九三三年五月に来日し、一九三六年十一月までの約三年半日本に滞在しました。そのうち一九三四年八月から離日するまで住んだのが、群馬県高崎市の少林山達磨寺です。

タウトは、高崎で竹皮を編んで草履表《おもて》（南部表）を作っていた職人の技術に出会い、その職人の技術を自身のデザインで日常の生活用品に応用して魅力的なパンかごやバスケット、弁当籠などを作りました。「西上州竹皮編」という細かく裂いた竹の皮を巻きながら針で縫いこんでいく伝統工芸品がありますが、実はその生みの親はタウトです。竹皮の持ち味を生かした、素朴ながら力強さを感じる工芸品です。竹皮編は、戦中から戦後にかけて途絶えていましたが、高崎市に住むブルーノ・タウト研究家でもある前島美江さんがその精神と技術を受け継ぎ復興させました。西上州竹皮編は二〇〇三年に群馬県ふるさと伝統工芸品に指定されました。

タウトが寓居した達磨寺には「ICH LIEBE DIE JAPANISCHE KULTUR」（私は日本の文化を愛す）というタウトの言葉の碑があります。

5　戦う人々の携行食

ここで少し趣が変わりますが、戦時の雑兵《ぞうひょう》の携行食についても紹介したいと思います。

人類の歴史を振り返ると、戦いの連続でした。日本でも、室町時代末期から安土桃山時代にかけては戦国時代と呼ばれ、政権をかけた戦いが続きました。戦国乱世は、謙信・信玄・信長・秀吉といった多くの英雄とその武勇譚に彩られています。しかし、実際に戦場で戦った兵士の大部分は雑兵でした。雑兵とは金銭で雇われた傭兵や武将の下人や徴兵に応じた農民たちです。彼らは、戦いだけでなく、陣地の設営や雑用もこなす重要な働き手でした。

雑兵として、戦いの前線で働く人々の食の工夫にはどんなものがあったでしょうか。

❶『雑兵物語』から――携行食の工夫「打飼袋」と「芋茎縄」

江戸時代初期に刊行された『雑兵物語』という書物があります。『雑兵物語』は、泰平の世に戦を忘れた武士たちの精神を啓蒙するために書かれたといわれており、戦場での心得が、雑兵三十名の体験談や見聞として挿絵つき会話形式で記されています。

雑兵は、防具に加え武器を携えて、さらに最低でも二〇キログラム以上の荷を担って従軍していました。雑兵の食糧は自弁でしたが、戦が長引くようなときは「一人一日水一升、米六合、塩は十人に一合、味噌は十人に二合」が三、四日分ずつまとめて支給されました。一日に米六合は多い気がしますが、戦闘や営陣は重労働であり、兵への報償もかねていたのでしょう。夜の合戦のときは、もっと多くの米が支給されました。

米は、持ち運びやすく保存がきくように籾のまま携行したり、加熱した後乾燥させて糒《ほしいい》や煎米《いりまい》にしました。戦時はいつどこで食事にありつくことができるかわかりません。また、戦いの最中に食糧を落としてしまったり、敵に取られてしまったりしたら大変です。そこで考えだされたのが「打飼袋《うちがいぶくろ》」です。約三メートルくらいの筒状の布の袋で、この中に握り飯や糒などの食糧や薬品などを入れて、一食分ずつくくって襷《たすき》がけにして、常時肌身に着けていました。こうして分けてあれば、行軍中でも夜の闇の中でも取り出しやすく、また一箇所が破れても全部はこぼれないという工夫です。

雑兵は支給された胴具と陣笠の簡易な装具を身に着けていましたが、炊事の際にはその陣笠をひっくり返して鍋の代わりにし、粥《かゆ》を炊いて食べました。陣笠は薄い鉄もしくは革で円錐状に作られていましたので、煮炊きの鍋に恰好だったのです。首にかけた打飼袋の結び目を一つ切って、その布袋ごと鍋に入れました。二日や三日の戦いなら断食してもいい、五日や七日までなら生米を嚙んでもいられる、しかし何日になるかわからない戦中では、しっかり食べることが重要でした。お腹をこわさないように柔らかい粥に炊きました。

雑兵が常時身に着けていたもう一つの携行品に「芋茎縄《いもがらなわ》」があります。雑兵にとって、縄は何かにつけ役に立つ重要な戦時携行品です。その縄を芋茎《いもがら》で作って、常時腰に巻いていました。里芋の茎を干して縄状に編んだ後、味噌で煮込んでから乾燥させたものです。荷があるときには縄として用い、荷がなくなれば必要な長さ分ちぎって陣笠を逆さにした鍋に入れ、水を注いで加熱して、味噌汁にし

『雑兵物語』

打飼袋を襷がけにする雑兵

芋茎縄を腰に巻く

陣笠を鍋にして粥をたく雑兵

『**雑兵物語**』には，さまざまな戦時の心得が書かれています。
上：首にかけた「打飼袋」の結び目は，首の後ろ襟の真ん中にくるようにしておかないと鉄砲が構え難い，早撃ちするな，弾込めの棒は右側後ろの胴につっこんでおく，縦では陣笠にあたるし，横では隣の味方に邪魔になるなど，細かい注意事項が書かれています。
下：右側の木の下では負傷者の手当をしています。『雑兵物語』には，傷が痛むときは自分の小便を飲むか塗るかしろとか，葦毛馬の糞を水に溶かして飲むと，腹中にたまった血が下りて，傷が早く治るといった治療法が書かれています。
（東京国立博物館蔵　Image: TNM Image Archives）

ました。

足軽（正式に登録された下級武士の歩兵）や雑兵の最小編成単位は、「備《そなえ》」と呼ばれる十人程度の集団で、芋茎縄一把で作ることができる味噌汁もおよそ十人前でした。当番制で全員分の味噌汁を作ることになっていました。食事は兵たちにとって大きな楽しみでしたが、行軍や戦闘で芋茎縄は泥や汗にまみれており、長く日の経った味噌と汗による体臭が調理によって混ざり合い、異臭がして決しておいしいものではなかったようです。

その他に、行軍中に見つけた食べることのできる草や木の実はもちろん、根や葉も拾って馬にくくりつけて、食糧として確保しました。大雨や川越えで首にくくりつけた打飼袋の中の籾が濡れて芽を出したなら、植えられるくらいまで育てて根と一緒に煮て食べました。松の皮はじっくり煮てよけいなところを捨て、粥にして食べました。煮炊きに使う薪が手に入らなければ、馬の糞を乾かして使いました。

「陣中は紛《まぎれ》もない飢饉で御座有申」「兎に角に、薦被り《こもかぶ》（物乞いのこと）の身持を手本になされたが第一」、戦いの間の状況は飢饉と同じ、「乞食」になったつもりでその生き様を手本とするように、と『雑兵物語』には記されています。戦場の現実は厳しく、兵糧の心得は切実なものでした。兵糧は携行食であってもお弁当とは異なりますが、しかし、現実をしっかりと踏まえ、生き抜こうとする雑兵たちの強《したた》かな知恵と工夫に感心し、胸が熱くなります。

❷「兵糧丸」——栄養補給の隠し玉

敵と戦って死ぬのは兵の本望であったかもしれませんが、飢え死は物乞いが道端でへたばって死ぬのと同じ、と考えられており、食の供給は戦の勝敗にかかわる重大事でした。戦うためには、単に空腹を満たすだけではなく、十分な栄養補給ができるスタミナ食が必要です。

そこで作られたのが、「兵糧丸《ひょうろうがん》」です。そば粉や大豆粉、黒ゴマなどを酒や蜂蜜などで練り、蒸して天日に干す作業を何度も繰り返して丸薬にしたものです。たんぱく源として鰹節や煮干しなどの魚粉、脂肪分として松の実、クチナシやハジカミ（生姜）の粉末なども混ぜました。「飢渇丸《きかつがん》」は、数種類の生薬を練りこんだもので、疲労回復や痛みの緩和、鎮静、血行促進などの効

コラム④ 「兵糧丸」の主な配合材料と機能

- 梅干：唾液分泌促進、消毒、血液の浄化作用
- 氷砂糖：唾液分泌促進、エネルギー供給
- 麦芽：唾液分泌促進、エネルギー供給
- 松の甘皮：消毒、血液浄化作用
- 茶・柿の葉・桃の葉：消毒、血液浄化作用
- ハジカミ（生姜）：消毒、血液浄化作用、爽快感
- クチナシ：消炎、解熱作用、整腸作用、利尿、止血
- 酒類：湿潤剤、ビタミン類摂取
- 蕎麦粉：健胃、下痢止め、脳細胞活性化
- 蓮肉（蓮の種）：疲労回復、鎮静
- 麦門冬《ばくもんどう》（ユリ科ジャノヒゲの塊根）：鎮咳、のどの痛みを抑える
- 甘草（豆科カンゾウの根）：整腸、傷の回復、免疫力強化
- 山薬（長芋）：食欲増進、健胃
- 桂心（シナモン）：鎮静、痛みの緩和、血行促進
- 朝鮮人参：疲労回復、リラックス

［参考］『科学から読み解く忍者食』（農畜産業振興機構）

能がありました。梅肉を集めて丸め、天日で乾かした「水渇丸《すいきつがん》」は、喉の渇きを和らげるための丸薬です。

これらは小さくて携行しやすく、保存がきき、腹持ちがよく高カロリーで栄養バランスがいい、という優れものでした。秘伝の薬草などを混ぜ合わせたものもあり、地域や各家独自の調合と工夫で作られました。

兵糧にとって保存性は最も重要なことで、乾燥方法にも工夫が凝らされました。乾燥法には、日干し、陰干し、燻煙などの方法がありますが、現代の栄養学から見ても非常に優れています。例えば、日干しにすると、太陽の紫外線によって殺菌され、代謝や恒常性の維持に効果的なカルシウム、リンなどのミネラル類や、骨の代謝に関係するビタミンDの前駆体であるエルゴステロールが増加します。つまり骨の強化作用が高まります。風通しの良いところで陰干しすると、ビタミンC、ビタミンB群、ナイアシン、葉酸、ポリフェノールなどの栄養素の損失が少なく、野菜不足を補う効果があります。燻煙は殺菌効果が高く、腐敗防止作用があります。

戦場での無事と必勝を祈る気持ちが生んだ知恵に感心します。

❸「あくまき」——日持ちと食べやすさの知恵

文禄元（一五九二）年の豊臣秀吉による朝鮮出兵の際に、薩摩藩が日持ちのする兵糧として作ったのが「あくまき（灰汁巻）」です。「あくまき」は、もち米を灰汁《あく》で炊いた粽《ちまき》のような携行食で、冷めても硬くならず、腹持ちがいいのが特徴です。兵糧で多かった干飯と比べ、保存性や食べやすさの点で優れており、出兵の際、他藩の軍勢の兵糧が尽きるなか、薩摩の軍勢だけは「あくまき」で腹を満たし士気が高かった、と言われています。

「あくまき」はあらかじめ一晩ほど灰汁に漬けておいたもち米を、同様に灰汁に一晩漬けておいた孟宗竹の皮で包み紐で縛って、さらに灰汁で三時間あまり煮て作ります。もち米は煮られて吸水して膨張し、頑丈な竹の皮の中で、もち米自らの膨張圧力で餅のように変化します。灰汁の強いアルカリが澱粉の糊化を促進させ、糖とタンパク質が反応して褐色に色づき、独特の香りがするようになります（アミノカルボニル反応）。この反応が保存性を高める働きをしています。灰汁にはミネラル分が多く含まれており、栄養価も高まります。長時間煮ることによる滅菌、包んでいる竹の皮による抗菌、アルカリ環境による雑菌繁殖の抑制と、兵糧として実に優れた特質を持っています。水分が多いのに日持ちが良く、常温で一週間は優に持つそうです。

明治九（一八七七）年の西南戦争の際にも西郷隆盛（一八二八～一八七七）が保存食として持参したことから、薩摩藩以外の宮崎県北部や熊本県にも広く普及しました。その後、「あくまき」の兵糧としての役目は終わりましたが、手軽に作ることができる家庭的な菓子として今も地元で親しまれています。端午《たんご》の節句には、男の子の健やかな成長を願って多くの家庭で手作りされる伝

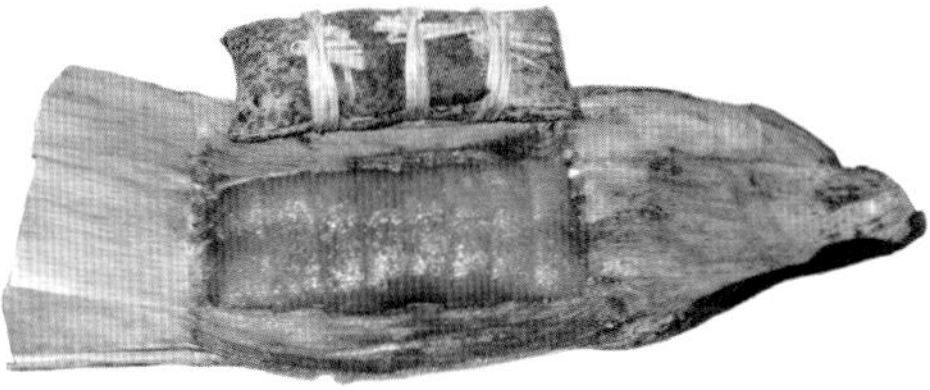

あくまき
近年，合成保存料・合成添加物を使用しない素朴な郷土菓子として注目されるようになり，家庭での手作りだけでなく鹿児島県内のスーパーマーケットやみやげ物店等で通年販売されています。プルっとした食感のちょっとえぐみのある味で，黄な粉や砂糖などをまぶして食べます。
（ウィキペディアより）

統の郷土菓子となっています。

6 「腰弁当」――泰平の世のお弁当

❶江戸時代の腰弁当

さて、戦いのない泰平の世になると、お弁当の性質も変わってきました。江戸時代には、武士がお弁当を持って出かけるのはおもに出仕するときや馬に乗っての遠出、または狩りのときだけになりました。馬での外出時には、腰にぴったり沿った形のお弁当を、しっかり腰に縛りつけて出かけました。これを「腰弁当」と言います。

この弁当箱は「野駆け弁当」とも呼ばれ、どんなに馬が駆けても落ちることはなく、蓋についている渦巻型の金具を回すと密閉度が高まるつくりになっていました。同じく腰の曲線に沿った形の腰酒筒《こしさかづつ》もありました。これは、熱燗を入れて腰に巻くと寒い日には湯たんぽ代わりになって温かく、冷酒を入れておくとお弁当を広げる頃にはちょうど人肌の飲みやすい温度になりました。沖縄の携帯用の酒瓶「抱瓶《だちびん》」がまさにこの形、この機能です。陶製で、ひもで肩からつり、腰に沿うように側面が三日月形をしています。

また、勤番の下級武士が毎日袴の腰に弁当をさげて出仕したところから、「腰弁当」には「毎日弁当を持って出勤する人」という意味もあります。

実は、勤番の下級武士だけでなく、大名も「月次御礼《つきなみおんれい》」と言って、月に三回お弁当を持って江戸城本丸に登城し、将軍に拝謁しました。このとき大名が持参したお弁当を、「御登城弁当《ごとじょうべんとう》」と言います。家来は大手門の下馬札のあるところから城内へは入れないので、大名は一人で持参のお弁当を食べました。城内では席次が厳格に決まっていますが、どんなに偉い大名でも将軍家の家来ですから、湯茶の接待はなく、自分でお茶を入れて飲んだそうです。拝謁を待つ控えの間には火事を恐れて冬でも火鉢はなく、大名同士の私語は禁じられていましたので、ちょっとさびしいお弁当の時間だったでしょう。

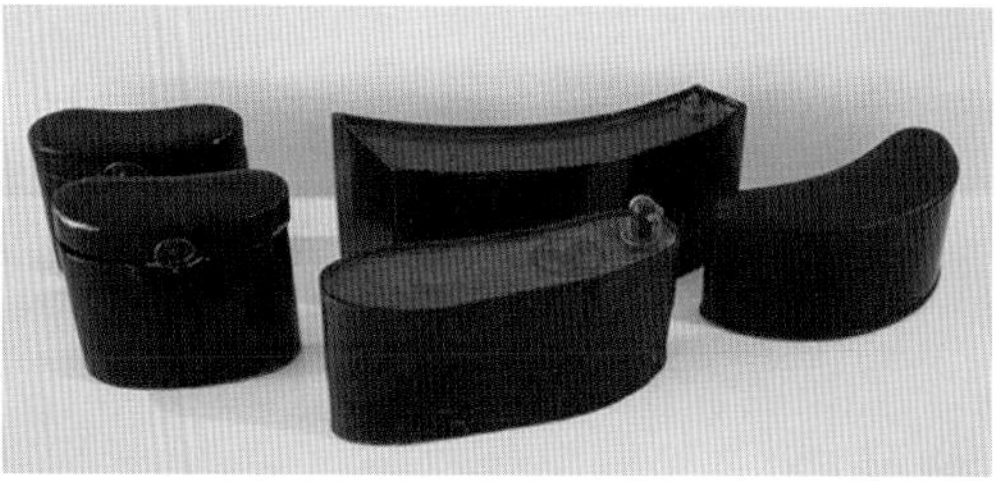

「**腰弁当**」は腰のカーブに沿うよう弓形に作られた曲げ物弁当箱です。用途，素材ともに多様なものが作られました。留め具に真鍮やべっ甲が使われていたり，樹皮で覆われた「樹皮曲げ物」の技術で，幹のまま採った材を乾燥させて作ったものもあります。紋が刻まれたものからは，持ち主が属している藩や家がわかります。
（提供：柴田慶信商店　わっぱビルヂング　世界の曲げ物ミュージアム）

大名持参のお弁当はどんなものだったのでしょうか。幕末の大名、武蔵岡部藩藩主安部《あんべ》信発《のぶおき》（一八四七～一八九五）の一年間の食事記録のなかに、「御登城弁当」の献立の記録があります。慶応二（一八六六）年の江戸上屋敷から登城する際のお弁当の内容は「椎茸、干瓢、味噌漬大根、握飯」とあります。意外と質素な感じがします。お正月や徳川家の菩提寺である増上寺に参詣するときは特別な日とされ、お弁当の内容も日常と違って多少豪華だったようです。下級武士のお弁当はもっと質素なものだったでしょう。

❷ 明治時代――「オール腰弁時代」のはじまり

一八六八年の明治維新により、武士の時代が終わり、新しい時代が始まりました。時代が変わっても、役所に勤務する下級官吏たちは、江戸時代からあるような腰弁当をさげて仕事に出かけました。そのため、「腰弁」は安月給の下級役人の代名詞のようになり、その後も「腰弁」という言葉には、安サラリーマンといったどことなくわびしいイメージが重なるようになりました。しかし、「腰弁」とは持参の手作り弁当のこと、決して揶揄すべきものではありません。

明治政府は、海外の列強諸国と肩を並べうる独立国家となることを目指して「富国強兵」政策を推し進めます。「富国強兵」政策の柱は、「税制改革」「殖産興業」「兵制」「学制」の四つです。近代産業を育てるために、官営模範工場が建てられ、交通や通信の整備、銀行などの金融システムの構築が行われました。人々の働く場が増えました。

また、「学問は国民各自が身をたて、智をひらき、産をつくるためのもの」という教育観のもと、小学校教育の普及に力を入れ、身分や性別に関係なく等しく学ばせる国民皆学を目指しました。明治五（一八七二）年「学制」が公布され、同年早くも東京に女学校が設立されました（現、お茶の水女子大学）。明治十（一八七七）年には官立の東京大学（一八九七年に東京帝国大学と改称）を設立し、師範教育や女子教育・産業教育についても専門の学校を設けました。何度かの改革を経て、小学校教育の義務化など、日本の教育制度が整っていきます。

学校での授業は標準一日五時間で、午前・午後にわたって授業がありましたので、教師も生徒・学生もお弁当持参でした。政府もまた、国民の健康を高めるために弁当持参を推奨しました。通勤・通学する人たちにとって「腰弁当」は当たり前の、ほぼ習慣化されたものとなりました。こうして「オール腰弁時代」が始まったのです。

❸新腰弁時代――「愛妻弁当」

大正時代中期に、非営利で食事を提供する公営の簡易食堂が登場します。これは、第一次世界大戦後の物価高騰を背景とした生活困窮者のための公益事業でしたが、次々と全国に広がっていきました。昭和十年代には民間の大衆食堂が、それに代わっていきます。太平洋戦争後は、小学校で学校給食が始まりました。経済復興とともに社員食堂を持つ企業も増え、一九七〇年代以降はファーストフード店やファミリーレストランなどが続々と開店しました。外食が手軽にできるようになり、サラリーマンの昼食の選択肢が増えました。

しかし、だからといって「腰弁＝手作り弁当」が激減するということはありませんでした。時代は、新しい素材、冷凍食品やレトルト食品を生んでいきます。お弁当のメニューに思い煩うことが少なくなり、手作り弁当もそれらを活用して、外食に劣らない冷めてもおいしいものを作ることができるようになりました。お弁当箱も保温や保冷の機能を備えたものやデザイン性の高いおしゃれなものなど、種類も豊富になり、お弁当を作ることを楽しみの一つと考える主婦が増えていきます。いつの間にか、「腰弁」というよりも「愛妻弁当」という呼び方の方が一般的になり、それとともに、手作り弁当のイメージも変わってきました。「愛妻弁当」という呼び名は、「腰弁」のわびしいイメージを払拭し、ほっこりした優しいイメージとなり、新たな腰弁時代の扉が開かれたのです。

手作り弁当の持参率は、微妙な増減を繰り返してはいますが、堅調な数字を示しています。一九六五年の『読売新聞』の調査では持参率二五・九%だったのが、一九八八年の『朝日新聞』のサラリーマンとOLを対象とした調査では三九%、二〇一七年の新生銀行の調査では三四%となっています。

ウェブサイトの「マイナビウーマン」が二〇一六年に実施した「愛妻弁当」に関する調査では、新婚の男性の約六割以上に「弁当をつくってもらいたい」願望があるそうです。「自分のために一生懸命作ってくれるのがうれしい」「弁当を仲立ちにコミュニケーションを図れる」といった理由が挙がっています。「弁当をつくってほしくない」と答えた約四割の男性のその理由の第一は「手間をかけさせるのが申し訳ない」だそうです。

かつての「腰弁」には必要性からの手作り弁当という面がありましたが、今の「腰弁」はまさしく「愛妻弁当」、互いの思いを通わせ合う仲立ちとなっているようです。

7 戦後復興の力――「ニコヨン」と「ドカ弁」

昭和二十(一九四五)年八月十五日、太平洋戦争が終わりました。戦災で荒廃した国土の復旧、産業の復興が、戦後日本の重要な国家課題でした。戦後のまちには、復員兵や引き揚げ者、戦時中の疎開工場の閉鎖による大量解雇や中小企業の倒産による失業者があふれていました。復興事業とともに失業者対策も、取り組まねばならない緊喫の課題でした。

昭和二十四(一九四九)年に緊急失業対策法が制定され、公共職業安定所(現ハローワーク)が失業対策の日雇い労働者の紹介・斡旋を行うようになります。賃金は自治体によって異なりましたが、東京都の定めた日雇い労働者の日給は定額二四〇円でした。日給が一〇〇円札二枚と一〇円札四枚であったことから、彼らは「ニコヨン」と呼ばれました。

戦後復興でいち早く着手されたのは道路や公共施設を建設する土木事業で、その作業に従事したのが「ニコヨン」でした。まだ建設機械が普及していない時代の作業は激しい肉体労働でした。「ニコヨン」のことをうたった美輪明宏の『ヨイトマケの唄』がありますが、「ヨイトマケ」とは、地固めをする際に、重量のある槌を数人がかりで滑車で上下するときの掛け声です。滑車の綱を引っ張るときの「ヨイっと巻け」のかけ声からきているそうです。今は機械が軽々とやってのける作業ですが、この頃は大人が数人がかりで、しかも掛け声をかけて気合を入れながらやらなければできないほどの大変な力仕事だったのです。生活のために、男性だけでなく女性も従事しました。

この激しい力仕事の肉体労働をこなすには、しっかりと食べねばなりません。彼らが常食したのは、大量のご飯をつめこんだお弁当です。長さ二〇センチメートル、幅一〇センチ高さ五センチほどの大型のアルミ製のお弁当箱に、ぎっしりとご飯を入れ、真ん中に梅干し一つ、それが一般的な定番のお弁当でした。土木作業に従事する労働者のことを「土方《どかた》」といいます。そこから、このお弁当は「ドカ弁（土方のお弁当）」と呼ばれました。おかずとしてのっている梅干し一つに戦後の生活が感じられます。しかし、質素なお弁当ですが、梅干しの酸味成分であるクエン酸には炭水化物の代謝を促す効果と疲労回復の効能があり、米のカロリーを素早く無駄なくエネルギーに変換させる力をもっています。ぎっしり詰めたご飯には「ありがとう。力になるようにたくさん食べてね」という思いがこもっています。

この「ドカ弁」が、彼らの空腹を満たし、働く力となりました。今では「ニコヨン」という言葉も死語となり、あわせて水島新司の人気野球漫画『ドカベン』の知名度が高まってからは「ドカ弁」の本来の意味も忘れられてきました。しかし、今日の日本の繁栄の礎が築かれた背景に、「ニコヨン」の人々の働きと、その労働を支えた「ドカ弁」があったことを心にとめておきたいと思います。

第二章 花見弁当

季節や自然を楽しむお弁当

お弁当は、働く力となるばかりでなく、特別な日の楽しみでもあります。日本の魅力は、春、夏、秋、冬とそれぞれの魅力にあふれた四季に恵まれていることです。古来、人々はお弁当を持って山野に出かけ、行楽を楽しんできました。美しい風景のなかでお弁当を広げるときの楽しさは、自然との一体感、一緒にお弁当を囲む家族や仲間との一体感が、より心を高揚させます。

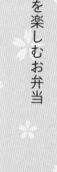

1 サクラ神事と「花見」

行楽と言えば、まず浮かぶのが「お花見」です。「花」と言えば、日本では「桜」。

「世のなかに たえて桜のなかりせば 春のこころは のどけからまし」と詠ったのは在原業平ですが、春になって桜が咲き始めるとなぜか心が浮き立ちます。淡い薄紅の満開の桜の美しさや散りゆく桜の

『観桜図屏風』住吉具慶　東京国立博物館蔵　Image: TNM Image Archives
『伊勢物語』第八十二段「渚の院」の一場面，狩りに出掛けた先で花見に興じる惟喬親王の一行が描かれています。親王は毎年桜の花盛りの時期に右馬頭（業平と思われる）ら家来を連れて渚の院に花見に出かけ，桜の木の下で身分の上下なく皆で歌を詠んで楽しみました。「世の中にたえて桜のなかりせば 春の心はのどけからまし」は，このとき詠まれた歌の中の一首です。

はかない風情には、人の心を惑わす妖しい魅力があります。「花霞」「花吹雪」「花筏」「花逍遥」「花衣」など桜に因んだ美しい言葉には、日本人の桜を愛する心が感じられます。お花見には宴がつきもの、「花見酒」「花見弁当」「花見踊り」「花見幕」……花の下で幕を張り、酒を酌み交わしお弁当を食べ、ともに踊る、お花見には他の行楽とはまた違った楽しみがあります。

桜は、なぜこうも日本人に親しまれているのでしょうか。民俗学者であり歌人でもある折口信夫《おりくちしのぶ》（一八八七～一九五三）は、『花の話』で、花という言《ことば》には「前兆・先触れ」という意味があり、それは「ほ・うら」＝「祝福」に近いと書いています。雪が花にかわる季節になると「遠くから桜の花を眺めて、その花で稲の実りを占った」とあります。

「サクラ」という語は、「サ」は田の神、穀霊の名、「クラ」は神座としての意味があり、「桜《サクラ》」は「田の神が宿る木」と人々は信じていました。かつて、各地に春の一日を野山に出かけて遊んだり飲食したりする「山遊び」「野遊び」という習わしがありました。これは「サ」、神を山へ

『源氏物語絵合　胡蝶図屛風』（左隻）狩野晴川院養信　東京国立博物館蔵　Image: TNM Image Archives　描かれているのは三月二十日の六条院の庭。よそでは盛を過ぎた桜もここでは真盛りで「春はここにばかり好意的である」と思えるほどの美しさです。源氏は若い女房達のために前から作らせていた唐風の龍頭鷁首の船を池に浮かべ，雅楽寮の楽人たちに船楽を奏させました。蝶と鳥をかたどった装いの八人の童女が花瓶に桜と山吹の一枝を挿して，仏前に供しようとしています。華やかな貴族の花見の風景です。

迎えに行き、料理と酒でもてなして豊作を祈願するという農耕信仰の意味を持つものでした。サクラの木の下の宴は、神と飲食を共にすることによって、神との結びつきを強くし、神の力を分けてもらい、その加護を期待する「直会《なおらい》」の神事だったのです。

今も続く「お花見」と花の下の宴は、こうした伝統を受け継ぐものです。

2　平安貴族の観桜の宴

お花見の起源は、奈良時代の貴族の行事からといわれています。その頃、日本は遣隋使や遣唐使を中国に派遣して積極的に大陸文化を学ぼうとしていました。ですから、その頃に観賞されていたのは、中国から伝来したばかりの梅でした。

今日のように桜が観賞されるようになったのは平安時代からで、嵯峨天皇（七八六～八四二）が弘仁三（八一二）年に宮中の庭で「花宴の節」を催したことが『日本後記』

に記されており、それが記録に残る花見の最初とされています。桜をこよなく愛した嵯峨天皇の影響で、貴族の間でも桜の花見が急速に広まりました。平安時代の庭園書『作庭記《さくていき》』に「庭には花（桜）の木を植えるべし」とあり、貴族の邸宅の庭にも桜が植えられるようになります。観桜の宴は天長八（八三一）年からは天皇主催の宮中定例行事となりました。

『源氏物語』第八帖「花宴」には、紫宸殿で催された桜花の宴で源氏が頭中将らとともに「春」をテーマにした漢詩を作り、「春鶯囀《しゅんのうでん》」という舞を披露して賞賛された様子が描かれています。平安貴族の観桜の宴では、このように公卿たちが樹下で漢詩を作ったり、楽を奏したり、舞を舞ったりして楽しみました。第二十四帖「胡蝶」では、源氏の住む六条院で、庭の池に竜頭鷁首《りゅうとうげきしゅ》の舟を浮かべて舟からの花見を楽しんだ様子が描かれています。龍頭鷁首の舟とは、貴族が楽人を載せて舟遊びで使用した二隻が一対となった舟です。一隻の舟首には水をよく渡るという「龍」の頭、もう一隻の舟首には水難を防ぐといわれる水鳥「鷁」の首が飾られていました。どちらも想像上の生き物です。「花もえもいはぬ匂ひを散らしたり。他所には盛り過ぎたる桜も今を盛りに笑み」と桜を少しでも長く楽しめるように遅咲きの桜も植えていた様子などが描かれています。

コラム⑤『作庭記』

『作庭記』は、平安時代に書かれた日本最古の庭園書で、寝殿造の庭園に関する意匠と施工法等

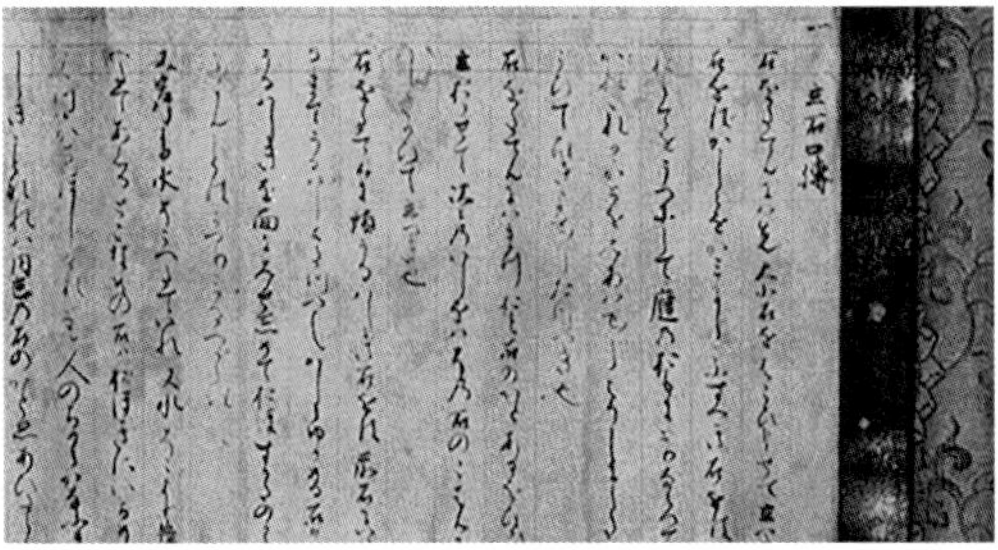

『**紙本墨書　作庭記**』　提供：石川県教育委員会文化財課
個人蔵　金沢市

が書かれています。かつては『園池秘抄』、『前栽秘抄』と呼ばれた秘伝書でした。図はなくすべて文で書かれており、陰陽五行説や四神相応観に基づいた理論的な造園法が記されています。「枯山水」という語の初出文献で、特に立石や遣り水の技法が具体的に論じられています。また、植栽や池の造成法などの技術論も記されています。

植樹については、「人の居所の四方に木をうゑて、四神具足の地となすべき事（中略）四神相応の地となしてゐぬれバ、官位福腺そなはりて、無病長寿なりといへり」とあり、さらに「古人云、東ニハ花の木をうへ、西ニはもみちの木をうふべし」とあります。ここから、貴族の庭園に桜が植えられるようになりました。

貴族の生活は、寝殿造と呼ばれる広大な屋敷（「如方一町家」と言われ一町（約一二〇メートル）四方、面積一万四〇〇〇平方メートルが基準。藤原氏邸・東三条殿は南北二八〇メートル、東西一三〇メートル）で営まれており、邸内の庭は鑑賞や遊興のためだけでなく重要な儀式の場でもあり、住む人の教養をあらわすものでした。

『作庭記』の著者は、橘俊綱《たちばなとしつな》（一〇二八～一〇九四）とされています。俊綱は、関白藤原頼通（九九二～一〇七四。摂政太政大臣藤原道長の長男）の次男として生まれましたが、讃岐守・橘俊遠の養子になり、摂関家の子弟にもかかわらず地方の受領を歴任した人でした。造園に造詣が深く、自ら造営した伏見山荘は豪壮かつ風流をそなえた名邸として名高く、しばしば歌会が開かれ貴族たちのサロンのようになっていました。俊綱は、歌人としても活躍し、笙や琵琶の演奏にも優れた文化人でした。

3　秀吉の「吉野の花見」

「み吉野の 山べにさける桜花 雪かとのみぞ あやまたれける」（紀友則『古今和歌集』）と詠われた吉野は「下千本、中千本、上千本、奥千本」と言われ、二〇〇種約三万本の桜が尾根から尾根へ、谷から谷へと山全体を埋め尽くして順に開花してゆく桜の名所です。

飛鳥時代、修験道の開祖役小角《えんのおづぬ》（伝六三四～七〇一）は、修行中に現れた蔵王権現の尊像を民衆救済の願いを込めて桜の木に刻み、吉野に祀りました。そこから桜は御神木《ごしんぼく》として尊ばれるようになり、「たとえ枯れ木といえども薪にしてはならない」「桜一枝折れば指一本を切る」という厳しい掟で守られてきました。そして、蔵王権現を本尊とする金峯山寺への参詣時には桜の苗を寄進するという風習が生まれました。吉野の桜のみごとな景観が形成された背景には、このような山岳信仰との強い結びつきがあります。

吉野の桜を愛でた一人に豊臣秀吉（一五三七～一五九八）がいます。文禄三（一五九四）年、秀吉は、徳川家康、宇喜多秀家、前田利家、伊達政宗らの武将をはじめ、茶人、連歌師たちを伴い、総勢五千人の供を連れて、吉野で五日間にわたる盛大な花見の宴を催しました。この年の吉野は長雨に祟られ、秀吉が吉野山に入ってから三日間雨が降り続きましたが、吉野全山の僧たちの晴天祈願により翌日には前日までの雨が嘘のように晴れ上がり、盛大に豪華絢爛な花見が催されました。

重要文化財『**豊公吉野花見図屛風**』（左隻）　細見美術館蔵

このとき、秀吉は「年月の 心にかけし吉野山 花の盛りを 今日見つるかな」と詠んでいます。戦乱の世を生きてきた秀吉にとって、吉野の花見は念願でした。満開の桜と絶頂期の自分の今の姿を重ね、感慨もひとしおだったでしょう。宴では、茶会、能の会、歌会なども催され、秀吉たちは仮装をして大いに楽しみました。また、秀吉は花見の前年に吉野を視察し、山桜中心の山に彩りを添えるため、大坂から千本の枝垂桜《しだれざくら》を取り寄せて植樹しました。

武士の間に花見の風習が広がったのは鎌倉時代のことです。その後、この吉野の花見の噂が広がり、一般民衆の間にも徐々に花見が行われるようになっていきます。秀吉の花見は、管弦や舞を楽しむという優雅な観桜の宴から、酒席や茶席を設けて人びとが賑やかに無礼講で花見を楽しむようになるきっかけともなりました。

4　江戸の庶民の年中行事としての「花見」

貴族や武士だけでなく庶民も盛んに花見を楽しむようになったのは、江戸時代の寛文（一六六一～七三）の頃からです。江戸時代初期の花見の名所は、「一山花にあらずと云う所なし」（『江戸名所図会』）といわれた将軍家菩提寺の上野の寛永寺でした。一般庶民にも開放されていましたが、時間制限があり飲酒や音曲、夜桜見物などは禁止されていました。一般に花見と言えば、「一本桜」といって、屋敷や寺社の境内、山野にある一本の名木の鑑賞でした。寛文年間に歴代将軍の鷹狩の休憩所である御殿山に吉野から桜の苗木が移植され、続いて享保年間（一七一六～三六）に八代将軍徳川吉宗（一六八四～一七五一）が、王子の飛鳥山、隅田川堤、小金井堤などに桜を植えて、庶民の花見を奨励しました。こうした大規模な桜の植樹によって、庶民も一斉に咲く盛大な桜を楽しむようになったのです。

人々は、桜が咲き始めると連れだって花見へと繰り出しました。江戸の町や人々の生活について多くの著述を残した斎藤月岑《さいとうげっしん》（一八〇四～一八七六）編の『東都歳時記』（一八三八）に「樹下に宴を設け、歌舞して帰を忘るゝは、実に泰平の余沢にして、是なん江都《こうと》（江戸の雅称）游賞の第一とぞいふべかりける」とあるように、花見は、庶民にとって年中行事ともいえる楽しみとなりました。

現代では、桜というとソメイヨシノがほとんどですが、ソメイヨシノが誕生したのは江戸時代後期のことです。接ぎ木で簡単に増やせ成長が速いことや、葉より先に花が一斉に咲き一斉に散る華やか

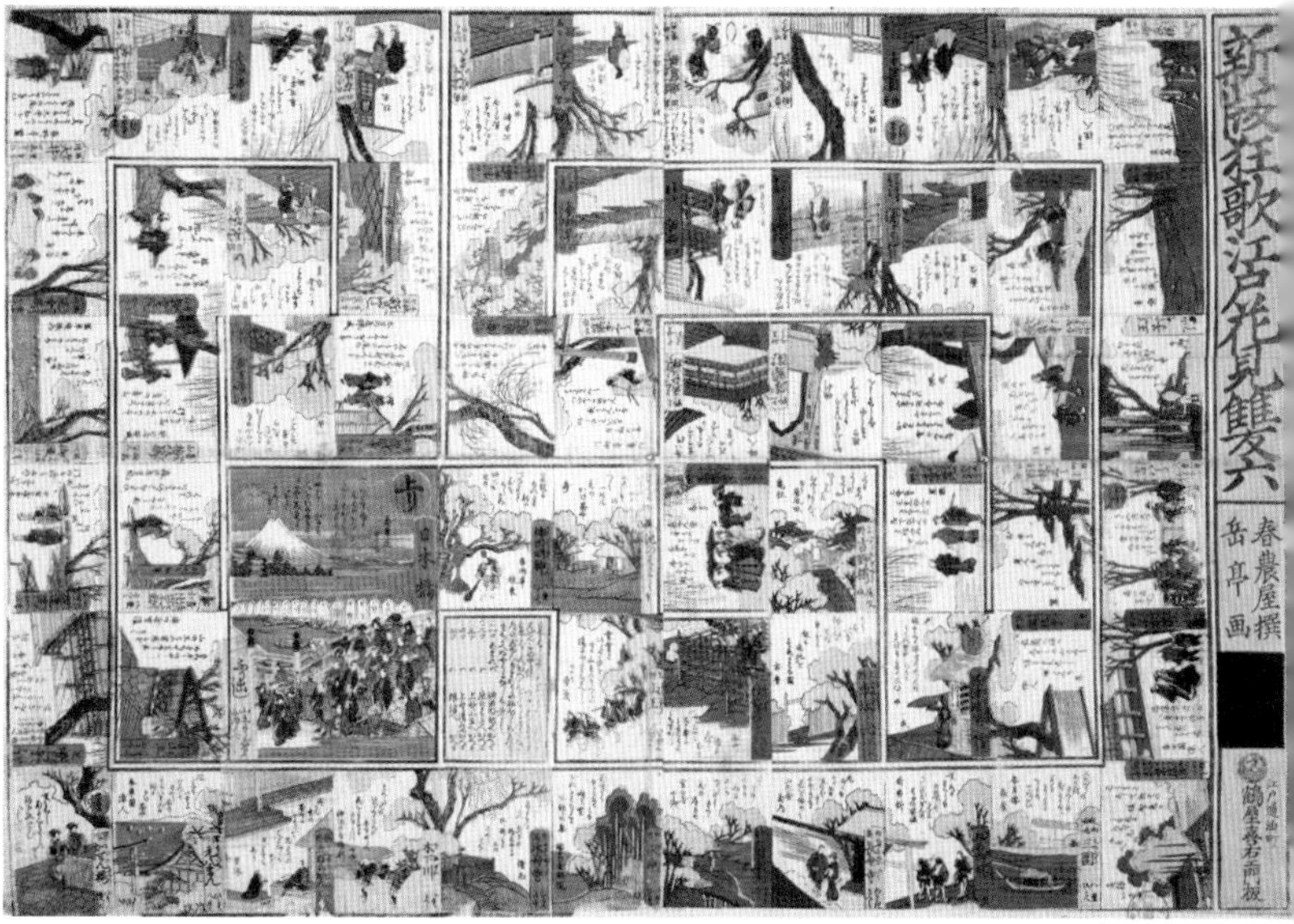

『新版狂歌江戸花見双六』 岳亭（1825）　国立国会図書館蔵
日本橋をふり出しに，江戸中の花見の名所を回って見物し，最後にまた日本橋に戻ってくるという趣向の双六。それぞれの名所には「山さくら」「八重」「彼岸さくら」などと桜の種類が書いてあり，そこの名物となっている桜の種類がわかります。このような花見双六が多種つくられました。これは，それに狂歌を合わせています。江戸時代中期から，風刺や滑稽を盛り込んだ狂歌が庶民の間で流行しました。狂歌には，歯切れのよさ，洒落，といった「粋」の美意識が感じられます。

さと儚《はかな》さが好まれて、明治時代に広まりました。江戸時代には、いろいろな品種の桜が各所に植えられていました。花の咲く時期は品種ごとに異なるので、時期をずらしながらさまざまな桜を楽しむことができ、花見の季節は旧暦三月末（今の五月初め頃）まで続きました。狂歌師の太《おお》田《た》南《なん》畝《ぼ》（一七四九〜一八二三）は季節のうちに友人と八回も花見に出かけています。

　さまざまな種類の桜の特徴や開花時期、名所等が紹介された「花譜」や「花暦」が多く出版されました。また、江戸時代後期は園芸ブームと言ってよいほど園芸が盛んで、植木屋から品種改良された新しい桜が数多く生み出されました。「左近桜」「玉桜」「浅黄桜」「胡蝶桜」など美しい銘がついており、

『**江戸名所花暦**』岡山鳥編・長谷川雪旦画　国立国会図書館蔵

『**桜花譜**』坂本浩然　国立国会図書館蔵

坂本浩然（1800～53）は草花の写生に優れた絵師でしたが，本職は紀伊藩の医師でした。浩然の『桜花譜』には 29 種類の桜が描かれています。庶民だけでなく，武家にも多くの桜の愛好者がいました。寛政の改革で知られる松平定信（1759～1829）も谷文晁（1763～1841）に自邸の 124 種の桜を描かせています。このほか、多くの「桜花譜」が描かれました。

『江戸名所図会 飛鳥山』歌川広重　北区飛鳥山博物館蔵

桜がいかに愛好されていたかがわかります。

5　花見弁当

花見風景を描いた江戸時代の錦絵が多く残っています。その一枚、広重の『江戸名所図会 飛鳥山』には、遠景に踊る女性たち、手前には赤い毛氈を敷いて宴を楽しむ女性たちが描かれています。三味線を弾く女性、お酒の燗をする女性、おしゃべりをする女性たち、毛氈の上には、重箱や折詰が見えます。何とも楽しそうです。毛氈の上のお弁当はどんなものだったのでしょう。

❶「花見弁当」の献立——『料理早指南』より

江戸時代後期享和元（一八〇一）年刊の料理本『料理早指南』に、「花見弁当」が紹介されています。「花見弁当」は「上の部」「中の部」「下の部」と豪華なものから手軽なものまで三種類の献立と調理法が載っていますが、その「上の部」の献立をご紹介します。

「上の部」の献立

初重詰合：かすてら玉子　わたかまぼこ　わか鮎色付焼　むつの子
　早竹の子旨煮　早わらび　打ぎんなん　長ひじき　春がすみ（寄物）
二重引肴：蒸かれい（うすく切てほいろにかける）　桜鯛（骨抜き早ずし）
　干大根（五ぶつけ結びて帯赤唐辛子）　甘露梅（白砂糖）
三重　：ひらめ（刺身）　さより（細作り）　しらがうど　わかめ　赤すみそしき
四重蒸物：小倉野きんとん　紅梅餅　椿餅　薄皮餅　かるかん
割籠　：焼飯　よめな　つくし　かや（小口ひたし物）
瓶子　：すみ田川中くみ

「桜鯛」「わか鮎」「早竹の子」「早わらび」「よめな」「つくし」と、海・川、山、里の春の旬の食材がバランスよく入っており、焼物、煮物、寄物、蒸物、刺身、浸物と調理法もバラエティに富んでいます。かすてら玉子の黄、早わらびの緑、長ひじきの黒、桜鯛やうどの白、ヒラメやサヨリの刺身の透明感のある白、干し大根はちょっと色を利かせて赤唐辛子で束ねています。紅梅餅とは薄い紅色でしょうか。彩もきれいです。

三の重の刺身は、赤酢味噌を敷いた上にわかめと白髪うどを添えて盛り合わせてあります。「かすてら玉子」は卵にすりおろした山芋と砂糖を加えてカステラのようにふわふわに焼いたもの、「わたかまぼこ」はアワビの青わたを入れて作ったかまぼこ、どちらも凝った料理です。「しらがうど」は、うどを縦に細く包丁で切り、水につけてシャキッとさせたものです。この頃はもう「飾り切」が一般的になっていたのがわかります。

「しらがうど」とは形状が頭髪の白髪に似ていることから名づけられましたが、「白髪」は「長寿」を表すものでお目出たい命名です。寄物の「春かすみ」、蒸物料理の「小倉野きんとん」、甘味の「紅梅餅」「椿餅」、雅な名がついています。食の姿形や色に自然のイメージを重ねて名をつけ、食の味わいを深める道具立てとするのは日本独自の食の遊びです。

献立から、江戸時代の食文化が浮かび上がってきます。「花見弁当」には、料理とともに日本人の美意識も詰め合わされています。

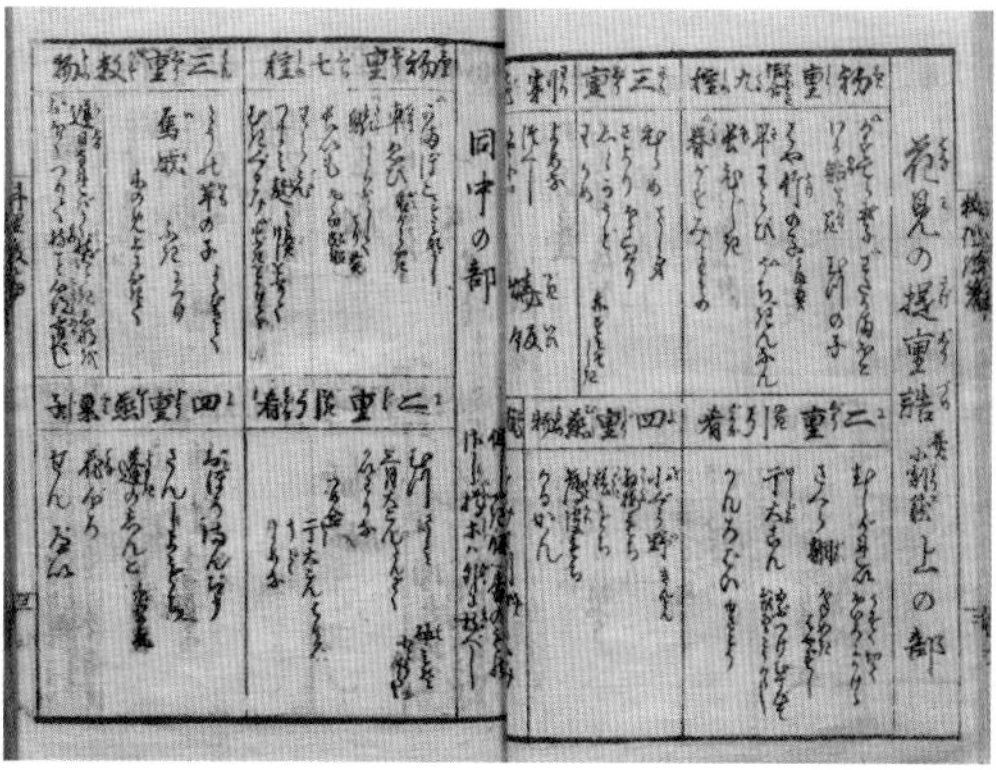

花見の提重詰小割籠献立
『料理早指南 1』 人間文化研究機構　国文学研究資料館
（クリエイティブ・コモンズ表示 4.0 ライセンス CC BY-SA）

コラム⑥　江戸の娯楽料理本『料理早指南』

江戸時代は、料理に関する指南書や案内本が数多く出版され、料理文化が華やかに花開いた大変興味深い時代です。それまでの料理書は、儀式料理の献立や食事の作法、故実の記載が主で、専門の料理人のためのものでした。江戸後期になると料理の参考になるだけでなく読んで楽しむという要素が加わった料理本が出版されるようになりました。料理を学ぶというよりも楽しみとして読む料理本は、読本や洒落本同様、広く庶民に親しまれ流行しました。

『料理早指南』は江戸時代の代表的な料理本の一つで、享和元（一八〇一）年に第一編が出て三年の間に順に四編が刊行されました。著者は醍醐山人で、初編には本膳・会席・精進料理、二編には「時節見舞の重詰」「華見の重詰」などの弁当に関する重箱料理、三編には塩物魚・干し魚類の調理法と黄檗《おうばく》料理、卓袱《しっぽく》料理、四編は、汁物、酢の物などの各料理方法が書かれています。

献立や調理法だけでなく、巻頭に調理用具の図、巻末に問答形式の料理の秘訣、各巻末に膳・食器・調理用具の図が載っています。今風にいうなら「簡単！　あなたも料理上手」みたいな題の本でしょうか。

・普通なら一五時間はかかる甘酒を一時間で作る方法

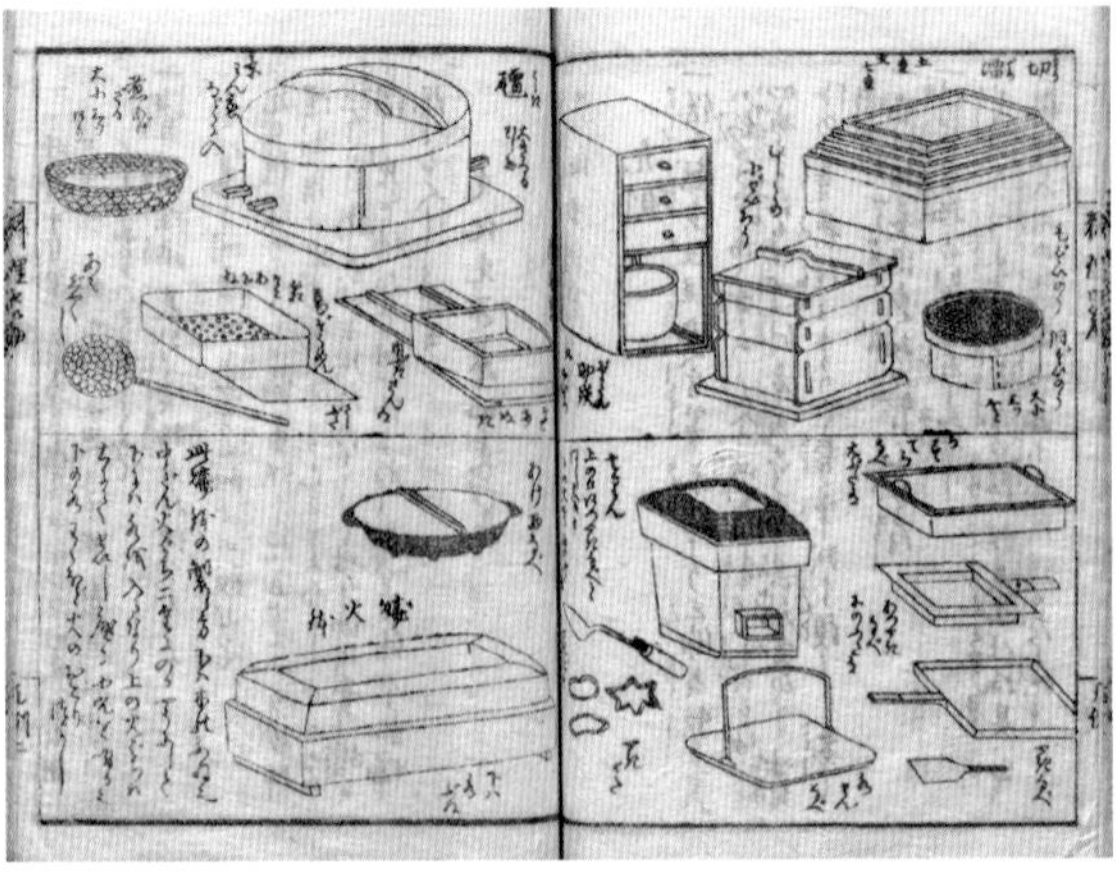

『**料理早指南**』の挿絵　人間文化研究機構　国文学研究資料館

・ネギを使わなくても作れる南蛮煮の作り方
・潮汁というと鯛が定番だが、昆布だしにもずく、焼き芋を使ってもよい
などと、即席料理や工夫料理も掲載されています。

❷長屋の「花見弁当」

落語に「長屋の花見」という演目があります。ある日、貧乏長屋の店子《たなこ》一同が大家に呼ばれます。「貧乏神を追っ払うため、みんなでしゃれこんで上野の山に花見に行こう」と大家が誘います。「お酒も玉子焼きと蒲鉾の重箱も用意した」というので、一同大喜びで出かけます。ところが、酒は番茶を煮出して薄めたもの、玉子焼きはたくあん、蒲鉾はかまぼこの代わりにおこげ（「釜底＝かまぞこ」）、落語家によっては「大根のコウコ」と代用品だらけです。

そんな長屋の住人たちの花見の様子が面白おかしく語られます。漬物のたくあんは黄色いからと卵焼き、月形に切った形が似ているところから「大根のコウコ」が蒲鉾代わりなのです。期待していた店子たちはがっかりですが、この落語から裏長屋に住む貧しい庶民たちにも「花見」には「酒」や「卵焼きや蒲鉾入りのお弁当」を持って行くものという意識が浸透していたことがわかります。

年に一度の花見は、貧乏長屋の店子たちにとっても大きな楽しみでした。豪華とはいかなくても、特別に手をかけてお弁当をつくりました。お弁当包みは、細縄で棒に縛り、二人がかりで担いで行きます。「坊主持ち」と言って、道中で僧侶に出会うと担ぎ手を交代する遊びや、元禄年間には中国由

来の拳《けん》遊びが流行り、これに興じながら往来を歩いたそうです。花見に行くときは、道中からすでに気持ちが浮き立っていました。

❸花見酒

行楽にはお酒がつきもの、お酒好きは美味しく飲むための工夫を怠りません。炭火を入れる小さい焜炉《こんろ》で湯を温め、ちろり（手つきの容器）に酒を入れて燗をする「燗銅壺《かんどっこ》」と呼ばれる携帯用の焜炉がありました。焜炉に金網を付ければ、酒の肴にするめや生しいたけ等を焼いて食べることもできます。花見のときには、そんな屋外用の焜炉を持参しました。先の錦絵『江戸名所図会 飛鳥山』の右端に「燗銅壺」でお酒の燗をする女性が描かれています。

「大きなだゞつ子をひつぱる花の暮」という川柳が残っています。江戸っ子たちは三味線を鳴らし、滑稽な茶番（即興の一種の滑稽劇）を肴に羽目を外してお酒を飲み、花見を楽しみました。中には酔っぱらって醜態をさらし顰蹙《ひんしゅく》をかう者もありましたが、花見時には幕府も庶民の息抜きと大目に見たようです。

古典落語「花見酒」は、花見で酒を売ろうと、酒屋で樽酒と釣銭を借りた二人組の男の話です。二人は向島の桜が満開と聞いて、「花見に行こう」と思いますが、あいにく二人ともお金がありません。そこで、酒屋で酒を三升借りて花見の場所へ行き、小柄杓《ひしゃく》一杯十銭で売ろうと考えました。酒呑みは、酒がなくなるとすぐに呑みたくなるものなので、花見でへべれけになっているところに売りに行けば必ずさばける、そのもうけた金であらためて一杯やろう、という魂胆です。

拳遊びをしながら花見に行く人々　**『拳会角力図会』**2巻　国立国会図書館蔵
「拳」は，中国由来の掛け声をかけながら掌の開握や手指の動作で勝負を決める遊びです。元禄期に全国に広まり，江戸後期に大流行しました。花見帰りの娘や女性たちは皆拳遊びをしながら往来を歩いたといいます。拳遊びは「じゃんけん」のもとになった遊びです。

花見客で大にぎわいの向島に着いて「さあ商売」という矢先、酒の匂いにたまらなくなった一人が、商売物なのでただでは悪いからと相方に釣銭用の銭を渡して一杯呑み、相方もその銭で一杯買う。そうして、二人の間で銭が行き来きし、それ一杯もう一杯とやっているうちに、三升の酒はきれいさっぱりなくなってしまいました。花見客が酒を買おうとすると、売り手の二人はもうグデングデン。「売り手の自分たちだってこらえきれずに飲みたくなるくらい美味い酒なんですよ」という言葉に、客が買おうとしても肝心の酒がありません。釣銭用の銭が残っているだけなのです。

商売にはなりませんでしたが、三升の酒をみんな自分たちで飲んでしまったことに「そいつは、無駄がねえや」と二人は笑いあいます。お酒好きの二人のしくじり話ですが、杯が進んだのは花見の雰囲気が二人を酔わせたからでもあったでしょう。花見は、大勢の人々が集い、無礼講で酒宴を楽しむ春の祭りでした。

6　花見のお弁当箱

「花見」には、ご近所や仲間が誘い合って出かけました。行楽の本当の楽しみは、花や景色の観賞を名目にしてみんなで一緒にお弁当を囲み、おしゃべりしたり無礼講を楽しむことかもしれません。飲食をともにすることによって、仲間内でのつながりが深まり、帰属意識が高まります。お弁当のご馳走も、みんなで食べること、見られることを意識したものでした。

さて、そのご馳走を詰めたお弁当箱はどんなものだったでしょうか。

花見の酔っ払い　**『江戸名所道化尽　三十五　吾嬬の森梅見』**歌川広景

❶「重箱」と「提重」

花見に持参するお弁当箱は、主に「重箱」でした。「重箱」は、料理を盛るための蓋つきの重ね容器です。十五世紀に書かれた『饅頭《まんじゅう》屋《や》本《ぼん》節用集《せつようしゅう》』（一四四四〜八六頃）にその名が出てきますので、室町時代後期にはすでにあったようです。縁を高くした折敷「縁高」から工夫したものとも、中国伝来の「食籠《じきろう》」を重ねたものとも言われますが、江戸時代に生活の道具として庶民の間に普及していきます。「重箱」に「福を重ねる」という意味を重ね、慶事に赤飯や祝菓子を入れて贈答の容器としても使われました。四段重が正式ですが、二段、三段、五段……江戸時代には十段重もありました。形も四角だけでなく丸型も、五角形や八角形もありました。用途や好みに応じて、さまざまに使われたようです。重箱はたくさんの品数の料理をコンパクトに詰めることができ、重ねたり広げたり便利に使うことができます。漆塗が多いのは、漆には除菌効果があり食品のもちがいいからです。

「花見」など野外での酒宴には、携帯に便利なように提げ手をつけた「提重《さげじゅう》」がよく使われました。「提重」の中には、重箱、徳利、盃、取り皿、箸など数人分の什器が組み入れられています。『料理早指南』の挿絵にも「提重」が描かれています。

こうした携帯用弁当箱の歴史は古く、平安時代には「行器《ほかい》」と呼ばれる食べ物を入れて戸外に持ち運ぶ容器がありました。「ほかい」とは「祝《ほか》う」からきており、もともとは神仏に食物を捧げる神饌を盛り付ける器でしたが、時代が下るにつれて公家の野遊びなどの行事の折に食物の持ち運びに用いられ、「行楽の器」として「行器」の字が当てられるようになりました。「外に居る際の器」の意から「外居」と書かれることもあります。直径三〇～四〇センチメートル内外の円筒形で、三ないし四本の脚を持つ蓋つき容器で、実際に持ち運ぶ場合は、脚に絡ませた紐で蓋を固定して、その紐を天秤棒に

『黒漆塗葵紋付行器』
公益財団法人鍋島報效会所蔵

行器を担ぐ人
『春日権現験記』
国立国会図書館蔵

『葵紋蒔絵野弁当』 東京国立博物館蔵
Image: TNM Image Archives

『蒔絵船形弁当』 五藤家伝来美術工芸品
安芸市立歴史民俗資料館蔵

結わえてかつぎました。鎌倉時代の絵巻物『春日権現験記』に、「行器」を担いで運ぶ人物が描かれています。

江戸時代の大名道具にも、肩に担いで持ち運ぶ「野弁当」があります。庶民の間で「花見」が年中行事のようになったのは江戸時代中期からですが、公家や大名たちはそれ以前からしばしば観桜や観楓を楽しむ野遊びに出かけました。その野遊びや移動の道中のための飲食器一揃えが収められているのが「野弁当」です。酒器や重箱、飯椀・汁椀だけでなく、多くは茶を点《た》てる道具までを含むため、

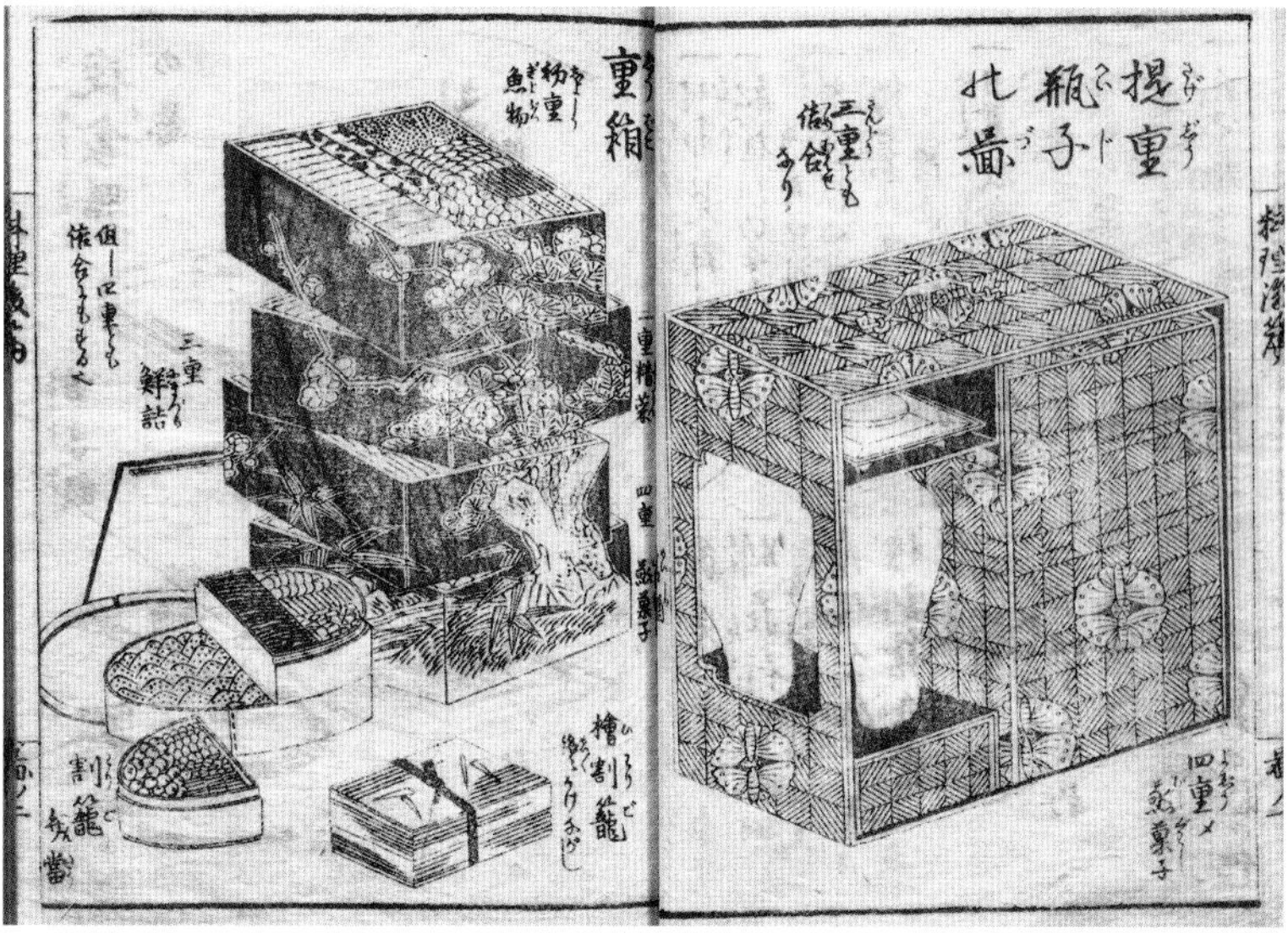

『料理早指南』
挿絵「提重」
「割籠弁当（折箱）」
人間文化研究機構
国文学研究資料館

「茶弁当」とも呼ばれます。箱側面の上部につけた金具に棒を通し、肩に担いで持ち運べるようになっていました。季節や行事に合わせた美しい文様が描かれた漆器の豪華な「野弁当」が今に残されています。

「提重」は、この「野弁当」の流れをくむものです。公家や大名の野遊び用であった「野弁当」は、江戸時代後期には庶民の生活具として普及していきます。『料理早指南』は庶民向けの料理本ですが、挿絵の「提重」は漆塗に蒔絵を施してあり、重箱は四段重で松竹梅が描かれています。庶民の弁当箱ではありますが、携帯用としての機能だけでなく、宴を楽しむ特別な容器として季節や行楽に応じた趣

『黄石公張良金蒔絵提重』
新宿歴史博物館寄託品

向を凝らしたものが作られました。特別な階級の人たちのためではない庶民のための弁当箱にも「美しさ」が意識されるようになってきたのです。

❷使い捨て弁当箱「割籠（折箱）」

『料理早指南』の挿絵には、「割籠《わりご》弁当」や「檜《ひのき》割籠」も描かれています。「割籠弁当」とは、中に仕切りがついた弁当箱のことです。仕切りがあると、味が他に移るのを防ぎ、戸外での食事や他家に食物を分けるときに便利でした。紀貫之（八六六〜九四五？）の『土佐日記』に御馳走を詰めた「破《わり》子《ご》」を従者に持たせてやってきた人の話が出てきますので、もう平安時代前期にはこうした容器があったようです。

「檜割籠」とは、檜《ひのき》で作られた「折箱」です。先の錦絵『江戸名所図会 飛鳥山』前景左端の女性の傍らにも折詰が描かれています。「折箱」は、ヒノキやスギ、ヒバなどの柾目《まさめ》を薄くそいだものを竹の釘の留め具を使って成形して作る、携帯用の使い捨て容器です。これらの木材にはヒノキチオールという抗菌成分が含まれており、中の食材の腐敗を防ぐ働きがあります。また、木材は加工後も気孔が残っていて呼吸し、内気と外気の湿度をある程度一定に保ち、余分な水分を吸い、さめると水分を補います。ですから、時間がたっても中の食材が固くならないのです。

『料理早指南』に「祭礼供養など多人数の時は檜割籠かけながし（使い捨て）にする也」とあり、「折箱」は人数の多いときに銘々に配る一人用の弁当箱として用いられました。食べた後は使い捨てできるという簡便で重宝な容器です。使い捨てとは贅沢な気がしますが、折箱の「折」は神具や仏具、平安期の貴族の食膳として使われた白木の「折敷」に由来し、「折敷」は一度きりで二度とは使わないのが決まりでした。

白木の経木から「折箱」が工夫されて庶民の器として使われるようになっても、使い捨ての決まりはそのままでした。日本人の清潔好きを表すものでもあり、山野面積が国土の約四分の三を占める森林資源に恵まれた日本だからこそ、とも言えます。事実、「折箱」は世界で例を見ない日本固有の容器です。

7 世相を映す「師匠の花見」――弁当二千人前・弁当長持十五棹

江戸時代の花見に特有なものをご紹介しましょう。

寛政の頃より幕末にかけて、寺子屋（手習塾）の師匠が多数の弟子を連れて花見に繰り出すことが流行しました。揃いの日傘と衣装、髪に造花を挿し手拭で着飾った子供たちが、列をなして花見の場にあらわれました。その一群の人数は百人以上になることもありました。これを「師匠の花見」といいます。

❶ 寺子屋の宣伝活動

江戸時代、日本は世界で最も就学率の高い国でした。寛永年間（一八五〇年頃）の就学率は七〇～八六％もありました。当時の英国の就学率は一八六七年で大都市でも二五％以下、フランスでは一七九四年に初等教育の無料化が実施されたにもかかわらず、十代の就学率はわずか一・四％と極めて低いものでした。この時代の日本の就学率は驚くべき数字です。

江戸時代に流行した『南総里見八犬伝』『東海道中膝栗毛』などの娯楽的な読本、『料理早指南』『養生訓』などの実用書、名所案内、江戸切絵図等の出版、かわら版等々は、庶民の高い読み書き能力と旺盛な好奇心、知識欲があってのものです。戦乱のない安定した社会環境のなかで、庶民の間でも読み書き能力や計算能力を身につけようという意識と動きが広がっていったのです。

寺子屋は、室町時代後期に寺院における師弟教育から始まりました。江戸時代の寺子屋は、庶民生活を基盤として成立した庶民の子供が読み書きの初歩を学ぶ簡易な学校であり、私設の教育機関です。

明治十六（一八八三）年に明治政府が遡及して行った江戸時代の寺子屋数の調査によると、全国に一

師匠の花見　**『江戸名所飛鳥山花見乃図』**歌川広重　国立国会図書館蔵

『花見帰り隅田の渡し　四季の内春』渓斎英泉　国立国会図書館蔵
隅田川堤は市中からの舟の交通の便がよく，吉原の遊郭も近いので花見の名所として人気がありました。「花見の場所数ある中に墨堤の花見に上こす賑ひはなし……堤上は左右より桜花空をかくし，東面の田甫，西面の繁花」と，『江戸府内絵本風俗往来』（菊池貴一郎：江戸生まれの好事家，1905 刊）に書かれています。今も人気の「桜餅」は享保二（1717）年に隅田堤の桜の葉を塩漬けにし，その葉で餡入りのもちを挟み，花見客向けに販売したのがはじまりです。『兎園小説』（曲亭（滝沢）馬琴他，1825）に 1 年に 38 万 7500 個も売れ，そのために桜の葉を 77 万 5000 枚も漬け込んだ，とあります。大人気の名物だったことがわかります。

万五五六〇校の寺子屋数を確認することができます（文部省編『日本教育史資料』明治二十五年）。

　江戸の都における寺子屋の数も、規模の違いはありますが、一〇〇〇〜一三〇〇軒くらいありました。これは、後年になってからの遡及調査の数ですから、実際はもっと多く、この二・五倍くらいの数であったろう、と推測されています。

　師匠は、武士（中・下級武士、浪人）、僧侶、神官、医師、商人、上層農民等で、都市部では平民、そして女師匠もかなりいました。女子には、裁縫、茶、生け花等を教える寺子屋（手習所、手習塾）もありました。こうした庶民の学習機関が、幕府や藩などの制度によるものではなく、自然発生的に生まれてきたことにも注目です。寺子屋の師匠の多くは、同時に寺子屋の経営者でもありました。江戸後期から幕末期にかけて、寺子屋が圧倒的に増えていきます。当然、寺子屋間の競争も激しくなってきました。

　「師匠の花見」は、塾の宣伝を兼ねた示威行動で

花見小袖　**『浅草寺桜奉納花盛ノ図』**豊国　風俗吾妻錦絵　国立国会図書館蔵

あったと考えられます。後には、三味線や踊りの師匠、俳諧の宗匠、吉原の新造《しんぞ》（見習い遊女）や禿《かむろ》（遊女見習いの童女）も徒党を組んで花見に出かけました。上野や飛鳥山といった花見の名所で、弁当を持って髪に造花を挿した揃いの衣装の子供たちが、親につきそわれて、行列を組んで練り歩きました。

❷「花見小袖」

大勢の人が集まる花見の場では、花ばかりでなく、集まる人々もまた見物の対象でした。花見は出会いの場でもあり、女性たちは「花見小袖」と呼ばれる晴れ着でお正月よりももっと着飾って出かけました。それは、『元禄花見踊』という長唄に「花見小袖の縫箔も派手をかまはぬ伊達染や、斧琴菊の判じ物、思ひ〳〵の出立ばへ」と唄われるほど華やかなものでした。戸田茂睡《とだもすい》（一六二九〜一七〇六。歌学者）の著した江戸の地誌『紫の一本《むらさきのひともと》』（一六八〇頃・江戸時代最初の地誌）によると、雨が降っても傘をさきず、贅沢な小袖を濡らして帰るのが粋と考えられていたそうです。寛文から元禄期（一六八八〜一七〇六）にかけては政治が安定し、都市が繁栄して町人が経済力をつけた時代でした。泰平と

花見幕　『**絵本艶庭訓**』　国立国会図書館蔵

繁栄の雰囲気は庶民の衣装にも影響し、派手で大胆な着物が流行しました。

花見の前夜は「花の宵」と言い、家族総出でお弁当や晴れ着の支度をし、翌日の晴れを祈って賑やかに過ごしました。当日、花見の場では持参した弁当をくくっていた紐を桜の木に渡し、その紐に晴れ着を並びかけて幕の代りとしました。「花見幕」とか「小袖幕」と呼ばれます。なんと華やかな光景でしょう。花見幕にはところどころに切れ目があって、中の様子がうかがえるようになっていたそうです。

「師匠の花見」でも親たちは袴姿の礼装で付き添いました。子供の手習いの行列の付き添いに礼装で従う親達の姿に、「見られる」ことを意識した一種の気負いが感じられます。

❸「大量の花見弁当」――「仮装」と「茶番」

奢侈を禁止する天保の改革（一八三〇～一八四三）で「師匠の花見」は一時姿を消しますが、水野忠邦の失脚後、次第に復活し、ますます盛んになります。やがて、行列におどけた身なりの仮装や仮面をつけた者が加わり、「茶番（即興劇）」が演じられるようになります。

嘉永四（一八五一）年三月十八日の『斎藤月岑日記』に、こういう記述があります。「佐内町手習師柳花堂花見、彩敷人数也。弁当二千人前の由、弁当長持十五樟行。誠に壮観なり」。きらびやかな衣装のおびただしい人数の行列に加えて、なんとお弁当は二〇〇〇人前とのことです。お弁当を入れた長持が十五棹も続く壮観は、沿道の人々を圧倒しました。当時の寺子屋の生徒数は、四〇人から二〇〇人位ですから、二〇〇〇人前とは常軌を逸した数です。こんな大量の注文を受けた仕出し弁当屋はさぞ大忙しだったことでしょう。

師匠たちは弟子の数、弁当長持の数、異形の仮装の者の数を競いあい、それは沿道の人々の恰好の見物対象となりました。最盛期には、行列の数は「品川から領国橋畔に至る迄二里余、錐を立てるの所なし」(『藤岡屋日記』)というほどのありさまを呈するようになります。『藤岡屋日記』とは江戸時代末期の江戸を中心とした事件や噂などを詳細に記録した日記で、著者の藤岡屋由蔵(一七九三〜一八七〇?)は、それらの情報を売って生計を立てていました。今で言う情報屋の元祖です。

❹「師匠の花見」の時代背景と庶民の諧謔精神

「師匠の花見」が流行した江戸時代末期は、弘化四(一八四七)年からほぼ毎年のように地震が続き、大火や疫病(コレラ)の流行と災害が相次いでおこりました。また、嘉永六(一八五四)年には黒船が来航し、対外問題も緊迫化し、社会不安が高まった時代でした。災害のもたらした農作物の壊滅的被害による物価上昇も激しく、庶民の生活は経済的に不安定な時期でした。

「師匠の花見」に参加していた手習塾の弟子たちは、職人や小商人という下層庶民の子弟たちで、決して裕福な層ではありません。そして、行列は自主的、自発的なもので、庶民自身が主役となるも

『江戸名所道外尽　廿八　妻恋こみ坂の景』
歌川広景
これは，侍の「おなら」の強烈な臭いに鼻をつまむ町人の即興茶番芝居です。身分の違いはあっても人間としてすることに違いはありません。権威ある者を笑いで洒落のめしています。茶番という滑稽芝居は，庶民による強烈な社会風刺でもありました。

『温古年中行事』「向島花見」　国立国会図書館蔵
行楽客で賑わう花見の場。右下方で，歌い踊りながら進む「目かつら」をつけた三人組の姿が見えます。「目かつら」とは，目の部分に穴をあけて顔の上半分を覆う紙製の面のことで，江戸時代後期に大流行しました。「目かつら」をつけると，少々羽目を外しても誰だかわからないので，人々は男女の別なくこれをかけて小変身を楽しみました。花見など人の集まる場には目かつら売りの屋台が出ました。今でも縁日に仮面売りの屋台が出るのはこの名残です。

のでした。庭園学者であり江戸文化研究者でもある小野佐和子（一九四九〜）は、花見の場は日常生活を支配するもろもろの規制からの自己解放の場であった、と指摘します。花見における行列・茶番や仮装の盛行、常軌を逸した数のお弁当は、時代の閉塞感漂う日常生活の不安を風刺と遊び心で笑い飛ばそうとする庶民の諧謔精神の表れ、と見ることができるでしょう。

コラム⑦　判じ柄《がら》　庶民の洒落心

長唄にも出てきた「花見小袖」の「判じ柄」は、江戸時代に流行した謎かけのような言葉遊びから来た着物の文様のことです。

代表的なものに「鎌輪ぬ」と「斧琴菊」の文様があります。「鎌輪ぬ」は「鎌」と「○」と「ぬ」の字で「かまわぬ＝構わぬ」と読み、元禄時代に「水火もかまわず弱者を助ける」という心意気を示すとして町奴たちが好んで着たのが始まりですが、七代目市川団十郎（一七九一〜一八五九）が舞台衣装で着て評判となり、大流行しました。「斧琴菊」は「よきこときく＝良きこと聞く」の吉祥の意味をかけて江戸時代前期に小袖の文様としておこり、三代目尾上菊五郎（一七八四〜一八四九）が愛用したことから庶民の間でも流行しました。

「鎌輪ぬ」文様

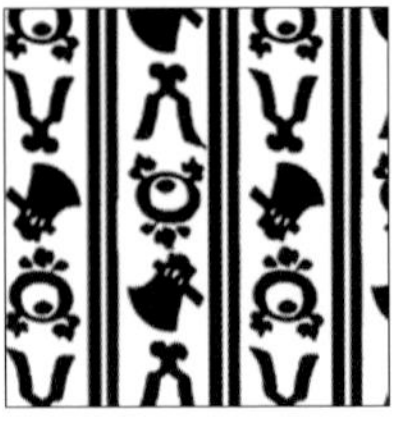

判じ柄　「斧琴菊」文様

ちなみに「鎌輪ぬ」は男性が、「斧琴菊」は主に女性が用いたということです。どちらにも、江戸っ子の洒落っ気が感じられます。

七代目団十郎は風紀を取り締まる天保の改革で幕府の忌諱《きい》に触れ、江戸を追放された人でした。愛用した「かまわぬ」には「何をやろうと構うもんか」「勝手気ままに振る舞うぞ」という反骨の意味合いも込められています。江戸後期の閉塞感のなかでの庶民の洒落心や反骨精神が、こうした文様にも表れています。

8　季節と自然はお弁当を楽しむための舞台装置

「花見」と「花見弁当」について紹介してきましたが、昔から日本では、「野遊び」、「野がけ」と呼ばれる郊外の春色を楽しむ行楽が行われていました。郊外の野山を歩き、丘に登り、あるいは河原に行って、雲雀《ひばり》や鶯の声を耳で楽しみ、スミレやタンポポ、桜などの花を眺め、土筆《つくし》や片栗や蕨などの山野草摘みに興じ、自然の風光を楽しみながらお弁当を食べ、遊宴を催しました。

風景のなかで感じる視覚や聴覚、触覚の体験が、「飲食」を楽しむ重要な要素となっています。単なる野外での飲食ではなく、そこに独自の価値をつける、それが一般庶民の生活行事のなかにも浸透していました。納涼、月見、紅葉狩り、雪見……それぞれの季節の風景のなかで、人々は自然と一体となって飲食を楽しんできました。また、旅の途中で休憩をとる茶店も、その多くが「峠の茶屋」な

『**京都名所之内　四条河原夕涼**』歌川広重　国立国会図書館蔵

『**京都名所之内　通天橋紅楓**』歌川広重　東京国立博物館蔵　Image: TNM Image Archives

『**愛宕山の秋の月**』英泉　国立国会図書館蔵

『**二軒茶屋雪中遊宴乃図**』斎藤長秋編・長谷川雪旦画　国立国会図書館蔵

斎藤家別館（新潟）　自然と一体化した引き戸の家屋文化。日本の家屋には，多くの引き戸があります。引き戸は開口部が大きく，屋外と屋内の空間を柔らかくつなぎます。開口部から屋外の光と風が入り，庭や風景が目前に広がります。自然と一体となって暮らしを楽しむ日本人気質と美意識が感じられます。提供：上山益男氏（参考：土沼隆雄『越後／新潟の庭園』東京農業大学出版会）

ど眺望のよい場所に作られています。風景が飲食を楽しむための舞台装置となっているのです。四季や自然を無理なく生活のなかに取り入れて享受するセンスは、日本独自のものと言えるでしょう。

日本に社会工学という学問分野を拓いた景観学者でもあり観光学者でもある鈴木忠義（一九二四〜二〇一八）は、「日本人の自然観は日本の家屋構造と大きく結びついている」と指摘します。引き戸による大きな開口部によって、日本人はつねに大きな自然を生活のなかに取り入れてきました。これは西洋の小さな窓の文化とはまったく異なります。「庭屋一如」、自然と家屋を一体として考える思想は、富貴な者だけでなく庶民のなかにも浸透しており、自身の庭を持たない庶民は大きな自然そのものを自身の庭のように生活のなかに取り入れて、楽しみの舞台装置としています。極めて大胆な発想です。

野外で開くお弁当は、自然や季節と人々を結び、ともに集う家族や仲間たちとの絆を強化する役割を果たしていました。

第三章　観劇弁当

芝居と一体化して楽しむお弁当

庶民の楽しみといえば、行楽と芝居見物。いつもお弁当と一緒です。「歌舞伎」は、ユネスコの世界無形文化遺産にも登録されている日本の伝統芸能ですが、江戸時代には圧倒的人気を誇る大衆娯楽でした。人々は、上演中も飲食をしながら終日歌舞伎見物を楽しみ、舞台の役者と一体化して熱狂しました。今もお弁当の定番である「幕の内弁当」は、歌舞伎見物のなかから生まれました。

1　庶民の大娯楽「歌舞伎」

「歌舞伎」の原点は、室町時代後期から江戸時代初期にかけて大流行した「風流踊《ふりゅうおどり》」とされます。「風流《ふりゅう》」とは、人目を驚かすための凝った趣向や華美な衣装のことを指します。都では人々が身を飾り立てて町ごとに組を作って群れ踊り、やがて農村部にも広がっていきました。この「風流踊」が、

芝居町の賑わい　『**芝居町繁盛之図**』豊国　国立国会図書館蔵

民俗芸能の念仏踊り、雨乞い踊り、盆踊り、獅子舞などの起源と言われています。

やがて、踊って楽しむだけでなく見て楽しむ「かぶき踊り」が始まります。江戸時代後期の史書『当代記《とうだいき》』の慶長八（一六〇三）年の項に「この頃、かぶき踊りというものが踊られた。出雲の巫女《みこ》を名乗る国という女性が京に上り、変わった風体の男の扮装をして踊った」という意味の記述が残っており、この「お国」という女性が歌舞伎の創始者と考えられています。

その後、「かぶき踊り」は「遊女歌舞伎」や「若衆歌舞伎」となって全国に広がっていきます。しかし、こうした遊女や若衆をめぐって武士同士の喧嘩や刃傷沙汰が絶えなかったため、風俗を乱すとして幕府により禁止されてしまいます。禁令後は、前髪をそり落とした成人男性が演じる「野郎歌舞伎」となり、しだいに踊りから物語をもつ芝居となっていきます。

元禄時代（一六八八～一七〇四）には、江戸では二代目市川団十郎、上方では初代坂田藤十郎などの名役者が登場し、狂言作者近松門左衛門（一六五三～一七二五）が現実の話題の事件を巧みに取り入れた歌舞伎狂言を書き、歌舞伎人気が興隆します。文化・文政年間（一八〇四～一八三〇）には、江戸を中心としてさまざまな町人文化が花開きます。歌舞伎は、作者四代目鶴屋南北（一七五五～一八二九）を迎え、奇抜な趣向や当時の庶民生活をリアルに描写する芝居の面白さが評判を得て、庶民の娯楽の代表となります。

江戸には、歌舞伎を上演する常設の中村座・市村座・森田座の三つの官許芝居小屋がありました。もとはたくさんの芝居小屋があったのですが、しだいに整理され、十七世紀半ば過ぎには三座のみが認められるようになりました。三座は江戸町奉行所の監督下にあり、小屋正面に屋根の櫓《やぐら》を設置することが官許の印としての決まりでした。櫓は、芝居小屋の正面玄関の上に設けられた人間一人が乗れるくらいの籠のような骨組みに、五奉行をかたどった五本の毛槍を横たえ、大きな幣束《へいそく》を立てた小屋です。幣束は神への奉納物の印です。興行の成功への神のご加護を願う厳かな気持ちが感じられます。櫓には、興行主の定紋を染め抜いた幕を張りめぐらし、そこで開閉場を知らせる太鼓を打ち鳴らしました。これを櫓太鼓と言い、今でも相撲興行でこの慣習が続いています。官許を得て興行を始めることを「櫓をあげる」と言いました。

官許制であったのは、幕府が「歌舞伎」を風紀を乱すものと見なし、監督・統制するためでした。もともと「かぶく」とは異形を好んだり、常軌を逸脱した行動に走ったりすることを指す言葉で、「かぶき踊り」が遊女や若衆から広がっていき、好色性をもっていたことも統制の背景にありました。

祭礼や勧進のときには、神社の境内や門前で臨時に許可された「宮地芝居《みやちしばい》」が演じられました。芝居小屋は屋根も櫓もない粗末な造りで、幕は垂れ式の緞帳《どんちょう》であったため「緞帳芝居」と蔑視されることもありましたが、三座に比べて半分以下の料金で芝居が楽しめました。「宮地芝居」は江戸だけでなく、各地にありました。盛り場では、見世物小屋と軒を並べ、丸太で組まれただけの小屋で「小屋掛け芝居」が行われていました。料金はそば一杯ほどの安さでした。

「宮地芝居」や「小屋掛け芝居」は、安価で楽しめることが最大の魅力で、庶民からの圧倒的な支持を得ていました。「宮地芝居」は寺社奉行の管轄でしたが、水野忠邦の天保改革で禁止されてしまいます。しかし、復活を求める庶民の強い声ですぐに復活し、幕末まで繁盛しました。

しばしば行われた禁制や統制の歴史は、歌舞伎の庶民人気の高さをあらわし、情報・文化・流行の発信源として大きな影響力をもっていたことを示しています。

2 「宮地芝居」の継承──「大鹿歌舞伎」と「ろくべん」

「宮地芝居」の伝統は、「農村歌舞伎」などの「地芝居」として日本各地に残っています。「地芝居」の普及は、江戸時代に参勤交代のために街道が整備され、人や物の往来が盛んになり、都の風俗や流行が地方に伝播していったことを背景とします。最初は都から来た旅役者が演じていたものを楽しんでいましたが、やがて地域の人々によって演じられるようになっていきました。

今も伝わる「地芝居」の一つが、長野県大鹿村の「大鹿歌舞伎《おしかかぶき》」です。大鹿村は南アルプス赤石岳の麓に位置する山村で、人口は約一〇〇〇人、静かな美しい村です。それが「大鹿歌舞伎」上演の日には、村民だけでなく村外の観光客も迎えて熱気に包まれます。大自然に囲まれた小高い山の中腹にある大磧神社《だいせきじんじゃ》に舞台が設えられ、見物客は神社の境内にゴザを敷き、持ち寄ったお弁当のご馳走を食

宮地芝居の流れをつぐ地芝居「**大鹿歌舞伎**」
見物客からの「お花（おひねり）」
提供：大鹿村観光協会

伝統の弁当「**ろくべん**」
提供：大鹿村観光協会

べ、酒を酌み交わしながら芝居を楽しみます。

筆者もこの「大鹿歌舞伎」を見物したことがあります。神社の境内には、奉納や寄付を書いた白い花代札が無数に貼りだされ、そこからも村の人たちの思い入れが伝わってきました。回り舞台や太夫座が敷設された舞台は本格的で、役者の衣装も立派で台詞回しも見得も実に堂々たるものでした。大きな見得や力のこもった所作に「いいぞ！」「待ってました！」の掛け声やお花（おひねり。懐紙やティッシュペーパーなどに小銭を包んだご祝儀）が降る雪のように飛び交います。芝居が終わると、舞台に役者が勢ぞろいして見物客とともに「シャンシャンシャン、オシャシャのシャン」と締めの「手打ち」を行います。役者と見物客が一体となり、熱気が最高潮に盛り上がります。芝居は役者だけでなく、太夫（浄瑠璃弾き語り）、下座、黒衣、化粧、着付、床山など運営もすべて村民が行っています。

かつては、大鹿村各集落の神社の前宮の舞台で、祭礼のときに集落ごとに演じられており、幕末から明治にかけては村内に一三もの舞台があったそうです。文書として記録に残るのは明和四（一七六七）年からですが、急峻な山々に囲まれたわずかな平地に生きる村の人々が三〇〇年以上の長きにわたってこの地芝居を守り続けてきました。

見物のゴザの上に広げられるお弁当は大鹿村伝統の「ろくべん」、持ち運びしやすいよう取っ手がついたふた付きの木箱に入った六段重ねのお弁当です。昔から村の人々は、この弁当箱にぎっしり御馳走を詰め込んで芝居見物に出かけました。そして上演中もお弁当を食べながら、一日中芝居見物を楽しみました。近隣の人たちとそれぞれの御馳走を交換し分け合って食べながらのおしゃべりは、知識や情報の交換でもあり、村人同士の親しみと絆をより深化させるものでした。

「地芝居」は別名「小芝居」と呼ばれ、より派手に見世物的に演じるのが特徴です。庶民への娯楽の提供を主目的とする大衆演劇であり、舞台と見物客との距離の近さが魅力です。間近で繰り広げられる役者の演技には迫力があり、演技に共感した見物客と役者はひとつとなり、熱狂が生まれます。掛け声やお花（おひねり）は一体化した思い入れの表現です。

かしこまってきちんと座って鑑賞に専念するのではなく、「食べながら」という日常行為と一緒になった見物が、親近感を高揚させ、舞台と観客の一体感を生みます。まさに、これこそ大衆演劇が庶民をひきつける理由でしょう。また、大衆演劇はお金がかからず気軽に楽しめることが人気の原点、お弁当持参で行けば木戸賃しかかかりません。

「大鹿歌舞伎」は、江戸時代の庶民娯楽であった「地芝居」のありようを彷彿させます。日々の厳しい労働や生活のストレスも、このような娯楽で発散されたのでしょう。六段重ねの弁当箱にその思いを知ることができます。今でもそうであるように、昔からこの日のお弁当は気合の入った御馳走だったに違いありません。

「大鹿歌舞伎」は、二〇一七年に国の重要無形民俗文化財に指定されました。

3　江戸の芝居見物——一日がかりの大娯楽

さて、江戸ではどうだったでしょうか。江戸時代の芝居は「明かり窓」からの自然光が舞台照明でしたので、芝居は明け六ツ（午前六時頃）の一番太鼓で始まり、暮れ七ツ半（午後五時頃）まででした。演目は朝から日没まで一日かけて演じるものがほとんどでした。火事を恐れて夜の興業はありませんでしたが、まさに芝居見物は一日がかりの大娯楽でした。客は食べたり、酒を飲んだり、しゃべったりと勝手気ままに芝居を楽しみました。見るというより、観光気分で「行く」場所という方がピッタリかもしれません。

芝居見物がいかに楽しみなものであったかについて、江戸時代後期の奥医師・桂川甫周の娘今泉みね（一八五五〜一九三七）が『名ごりの夢』で、「お芝居といえばずいぶんたのしみなもので、その前夜などはほとんど眠られませんでした」と書いています。芝居見物の日は、七ツどき（午前四時頃）からみんなを起こして、にぎやかによそ行きの着物に着替えるなど支度をし、支度ができると屋形舟で芝居小屋のある浅草に向かいます。船着き場には、紋入りの提灯を持った茶屋が迎えに来ています。

ここで言う茶屋とは「芝居茶屋」のことです。芝居茶屋は、芝居小屋内に飲食用の施設がないため

『江戸自慢三十六興　猿若街顔見せ』
大茶屋での食事の様子
歌川豊国（三代目），歌川広重（初代）画
国立国会図書館蔵

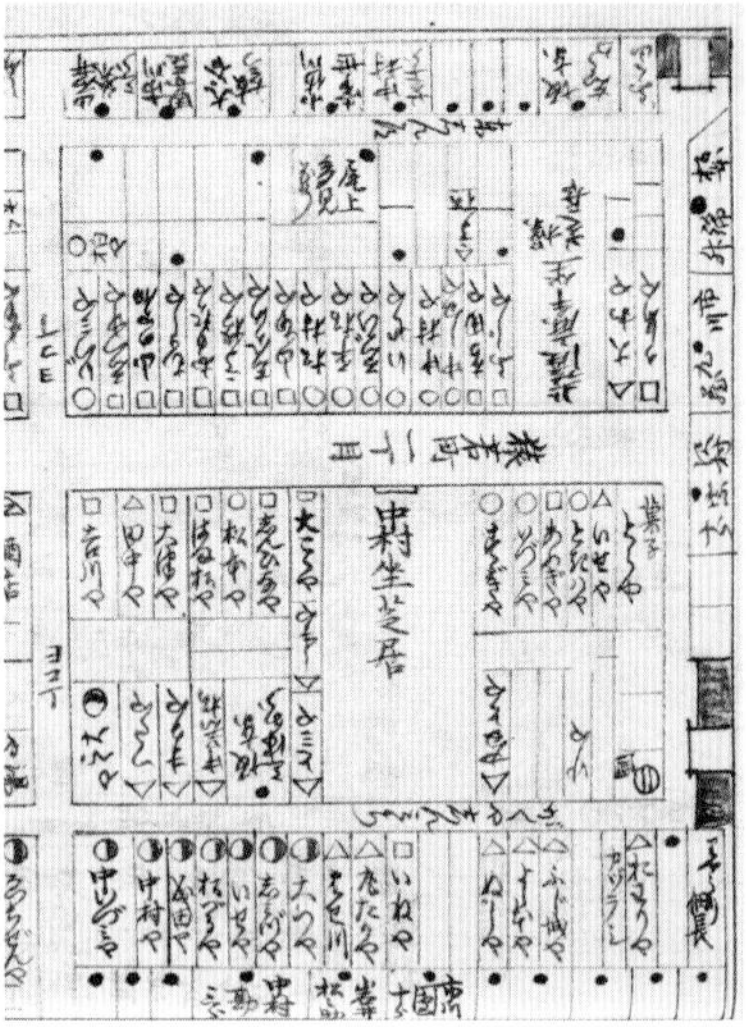

芝居小屋周辺の芝居茶屋
（**『守貞謾稿』**巻 24，国立国会図書館蔵）

芝居茶屋は芝居小屋の専属でした。食事の提供だけでなくさまざまな用で芝居小屋に頻繁に出入りしていました。そのため，芝居茶屋の子弟の中には芝居に目覚め，役者になる者も出てきました。今も続く「成田屋」「音羽屋」「播磨屋」などの歌舞伎役者の屋号は，出身の芝居小屋の屋号を転用したものです。市川宗家の「成田屋」が始まりと言われます。
（参考：歌舞伎座ウェブサイト「江戸食文化紀行」松下幸子氏監修・著）

に生まれた接待施設で、最初はお茶を出すくらいの掛け茶屋でしたが、次第に立派なものとなりました。芝居小屋の主な仕事は見物客のための食事の提供ですが、案内、休憩場所の提供、贔屓《ひいき》の役者との橋渡しなどさまざまなサービスを行いました。芝居茶屋には、富裕層向けの今日の料亭に近い「大茶屋」、簡素な店構えの今日の小料理屋から定食屋に近い「小茶屋」、店構えのない仕出し専門の「出方」など、規模によって格式や等級がありました。江戸時代後期の風俗を記した『守貞謾稿《もりさだまんこう》』によると、明和年間（一七六四～七一）には中村座が大茶屋一六軒と小茶屋一五軒、市村座が大茶屋一〇軒と小茶屋一五軒、森田座が大茶屋七軒を従えて、それぞれ盛況だったとあります。
芝居小屋には桟敷席と土間席がありましたが、桟敷席は芝居茶屋を通してのみ予約でき、桟敷客は大名の留守居役、出入りの商人、宿下りの御殿女中などの富裕層で、「大茶屋」の上得意でした。今泉みねも奥医師の娘で富裕客でしたので、丁寧なもてなしを受けました。

コラム⑧ 芝居好きのやんちゃ姫 紀伊藩主奥方豊姫

歌舞伎に夢中になったのは町娘だけではありません。歌舞伎は庶民の娯楽でしたが、その評判は大名やその奥方、奥女中の間にも知れ渡っていました。行儀見習いで女中奉公に上がる富裕な町娘からたくさんの情報を得ていたのです。大名の奥方や上流武家の芝居見物は禁じられていました。そうなると、余計見たくなるものです。

第十一代紀伊藩主徳川斎順《なりゆき》正室豊姫（一八〇〇〜一八四五）は、侍女たちがさかんに噂をするのを聞いて、ぜひ一度実際の歌舞伎を見たいものだと思いました。文政二（一八一九）年、江戸では「助六」が連日大入りの大評判でした。

豊姫は、外出時わざと駕篭《かご》を迂回させて芝居町を通り、芝居小屋の木戸を取り払い開け放たせて、駕篭を止めさせ、駕篭の戸を細く開けて歌舞伎見物（七代目団十郎の「助六」）をし、さらに隣町でも同じように覗き見（三代目尾上梅幸（のちの三代目菊五郎）の「助六」）しました。何時

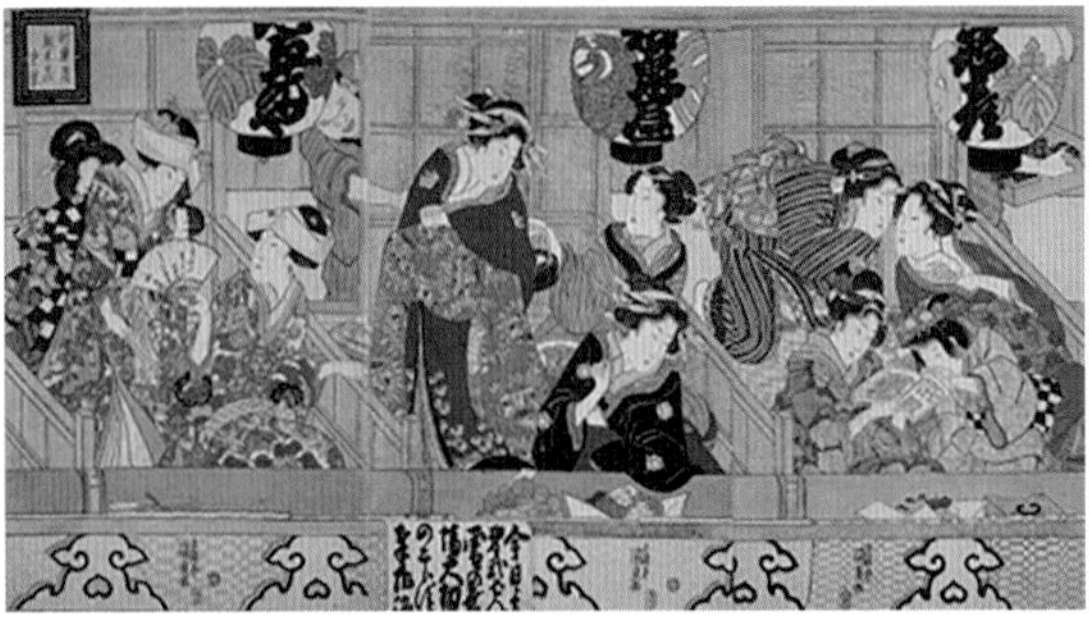

『神楽月顔見せの光景』五渡亭国貞　国立国会図書館蔵

頃にどこで「助六」を演じているか、あらかじめ調べさせ、芝居小屋とも話をつけておいたのです。

　しかし、おおげさな駕篭からの見物を見ようと周囲は黒山の人だかりになり、この噂はすぐに幕府の耳に届いてしまいました。豊姫が芝居を見たがって、いくつかの芝居小屋で駕篭を止めて見物料を払わずに覗き見したことが問題になり、間もなく家中の責任者が切腹、家臣が追放を仰せ付けられ、豊姫は「押し込め」の刑になりました。「押し込め」とは自家の門を閉じて謹慎蟄居することで、外出は許されません。

　このとき、豊姫は二〇才、若いやんちゃな好奇心が大変なことになってしまいました。三升屋二三治『芝居秘伝集』に「紀州の姫君助六見物」と載っているほか、「紀伊国の御新文字、御駕篭の中から芝居をでんぽう（ただ見）」という記事が『寝ぬ夜のすさび』という本に残っています。

　毎年十一月に行われる「顔見せ」興業の桟敷席の様子を描いた錦絵に、揚帽子《あげぼうし》をかぶった女性の姿（左の二人）が見えます。揚帽子は上流家庭で物見遊山のときに塵《ちり》よけにかぶったものです。このように身分を隠して足繁く贔屓の役者が出ている小屋に通った上流武家の女性もいました。

4 芝居茶屋の食事――『宴遊日記別録』から

芝居茶屋でのもてなしについては、江戸中期に書かれた『宴遊日記別録』に詳しく書かれています。『宴遊日記別録』は、大和郡山藩二代藩主柳沢信鴻《やなぎさわのぶとき》（一七二四～一七九二）が五〇歳で隠居後一三年間にわたって書き続けた観劇日記です。信鴻はこの間になんと一一九回も芝居見物に出かけています。信鴻は柳沢吉保（一六五九～一七一四。五代将軍徳川綱吉の側用人。大老格として幕政を主導）の孫で、隠居後は駒込の下屋敷（今の六義園）に住んでいましたが、芝居見物には片道二時間もかけて歩いて行っています。だいたい朝七時頃出発、ときには朝五時に出発しています。帰りは夜一〇時過ぎ、ときには一二時を過ぎることもありました。

信鴻の芝居茶屋での食事の回数は四九日間で九二回、朝餉《あさげ》三回、夕餉《ゆうげ》四六回、夜餉《よるげ》四三回が記されています。ある日の信鴻の芝居見物の様子を紹介します。安永三（一七七五）年二月三日（今の三月）、信鴻は朝六時頃、お供二〇人と側室を連れて中村座に芝居見物に出かけました。

まず芝居茶屋で腹ごしらえの朝餉「茶漬・今出川豆腐・漬物」、中村座で二幕目から見物、幕間に茶屋で夕餉「茶飯・汁（海老・菜・うど）・膾（なます・酢の物、ぼら・クラゲ・せり）・焼き物（蒸かれい）・のっぺい（肉・鮑・長芋）・浸物（ほうれん草）」、芝居が終わってから夜餉「福山ぶっかけそば（薬味：大根おろし・鰹節。唐辛子）と煮物（麩・肉・せり）〔肉はとり肉ではなく獣肉だったようです〕」をとって、午後六時頃帰途につきます。この日は、小屋主から鹿子餅、茶屋主から羊羹、外郎《ういろう》、饅頭な

『忠孝遊仕事』歌麿
二階席に料理を運ぶ茶屋男
国立国会図書館蔵

茶飯売り（『守貞謾稿』）
茶飯売りは，茶の煎汁で炊いた飯とあんかけ豆腐をもっぱら夜売り歩いていました。芝居の打ち出し（終演）頃芝居小屋の周りに集まってきました。

『絵本三家栄種』 国立国会図書館蔵

どの菓子をもらっています。

夜餉にそばが出てきますが、一般に江戸の人々はそば好きでした。『守貞謾稿』には、幕末の江戸には各町に一軒、三七六三軒の蕎麦屋があったと記されています。信鴻の日記に出てくるのは中村座の隣にあった「福山」という蕎麦屋で、注文を受けて出前をしていました。芝居小屋の周りには、空腹の観客を見込んで蕎麦の屋台や茶飯売りが集まりました。

今泉みねは「さじきの中にはおすもじ（お寿司）やお菓子、水菓子（果物）が運ばれてみんなで賑やかにいただきましたが、上気して喉が渇いたときの水菓子のおいしさは今も覚えております」と記しています。桟敷席への菓子や寿司、果物の用意も芝居茶屋がしました。小粒ながら香りも味も良い紀州蜜柑が人気でした。

コラム⑨　大名と歌舞伎「座敷芝居」

『宴遊日記別録』を残した柳沢信鴻は見るだけでは飽き足らず、自ら歌舞伎の脚本を書き、それを奉公人に演じさせ、見物人を招いて見せる発表会を年に一～二回、自邸で開催していました。信鴻の屋敷には、芝居上演のための舞台が設けられていました。

実は、こうした芝居上演用の常設舞台を持つ大名屋敷は少なくありませんでした。江戸には大名が在住する藩邸が建ち並び、その屋敷で歌舞伎や操《あやつり》（人形操）などがつねに演じられていま

『見立座敷狂言』歌川広重　文政期頃　国立劇場所蔵

した。大名屋敷での上演を「座敷芝居」といいますが、多くの大名の日記や藩政史料にその記録を見出すことができます。賓客の饗応や藩主一族の慰みや家臣の娯楽として、こうした「座敷芝居」が頻繁に上演されました。

主要な見物人は招待客と藩主の家族ですが、見物を許された家臣も共に見物しました。加賀藩前田家の『御用番日記帳』によると、元禄四（一六九一）年から享保十二（一七二七）年の間に、加賀藩江戸屋敷では三二回の操・歌舞伎が上演されました。「御家中ノ面々、朝昼二代、前々之通見物被仰付、見物人一統赤飯被下」と記されており、家中の娯楽行事として足軽小者、料理人に至るまですべてが見物を許され、赤飯が振舞われました。座敷で三七〇名、白洲では七七五名が二交代で見物しました。もっと人数が多いときもあり、その見物人数は芝居小屋にも匹敵するほどでした。

「御舞台之内燭数百挺、如白日」の記載から屋敷内に舞台があり燭台を百も並べるほどの大規模な上演であったことがわかります。「座敷芝居」を本業とする歌舞伎役者もおり、演目も芝居小屋で上演されるものとほぼ同じでした。
大名やその家族は芝居小屋へ行くことはできませんでしたが、このように自邸での「座敷芝居」を楽しんでいたのです。

5　食べながらの芝居見物

江戸三座の見物料は時代によって違いますが、元禄時代で今の価値に換算して、一人土間で三・六匁約六〇〇〇円、桟敷席で三五匁約五万四〇〇〇円くらいでした。「家賃より高い桟敷へのっちゃがる（のって居やがる）」という川柳が残っていますが、桟敷席の値段は米三俵に値するほどで、庶民には手の出ないものでした。庶民は、一般席の平土間に「半畳」という敷物を五文（約一五〇円）で借り、これを敷いて坐って見物しました。もともと芝の上に坐って見たので「芝居」、「半畳」は言わば座席指定料で、芝居に不満があると客はその「半畳」を舞台に向けて投げつけました。ここから、「半畳を入れる（＝ヤジる）」という言葉が生まれました。芝居を見る目は庶民も肥えていたのです。

一日がかりの娯楽である芝居見物では、飲食も大きな楽しみでした。桟敷客は芝居の幕間ごとに茶屋に引きあげて、着替えをしたり食事をしたりしました。また茶屋に上がらなくとも、桟敷席や桝席には茶屋の男衆が料理やお酒を届けました。料理は大皿に盛られた豪華なもので、お酒は銚子に入った燗酒でした。昼には重箱に入った幕の内弁当、昼過ぎには鮨折詰（押し寿司と巻物寿司の詰め合わ

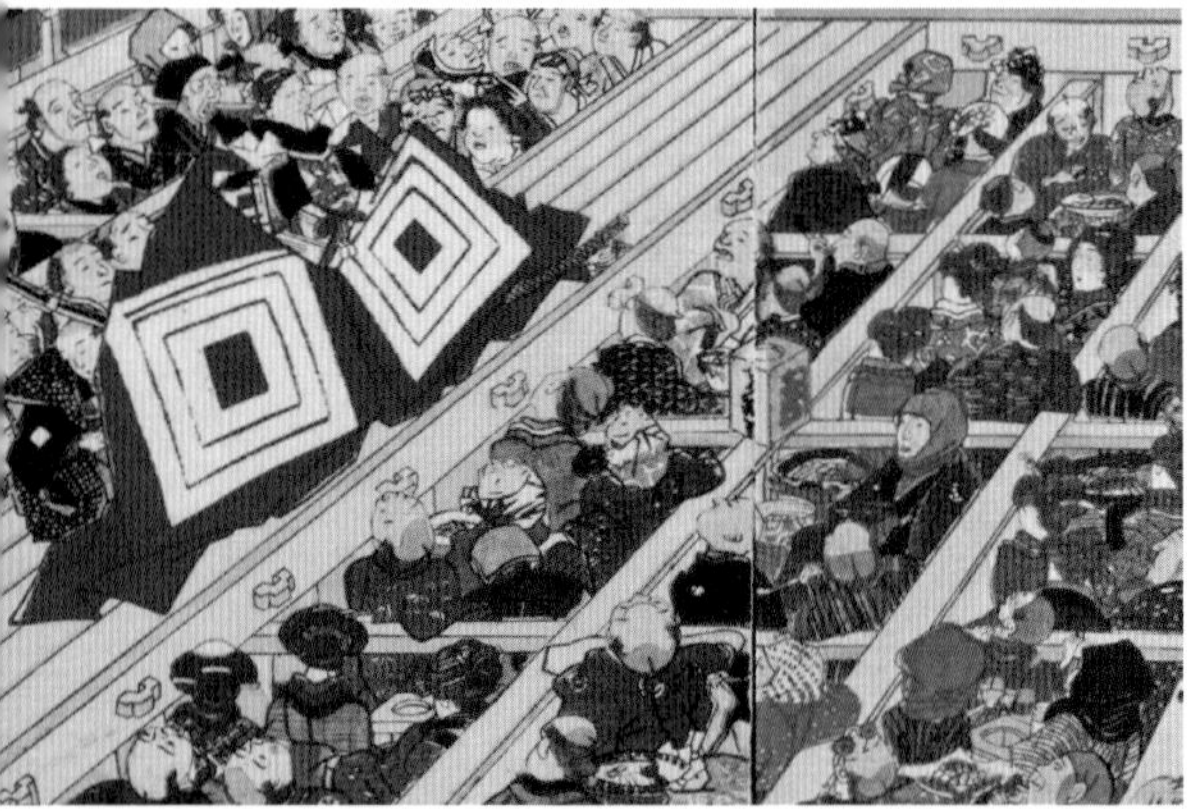

『踊形容江戸絵栄』
三代目歌川豊国
国立劇場所蔵

食べながらの芝居見物

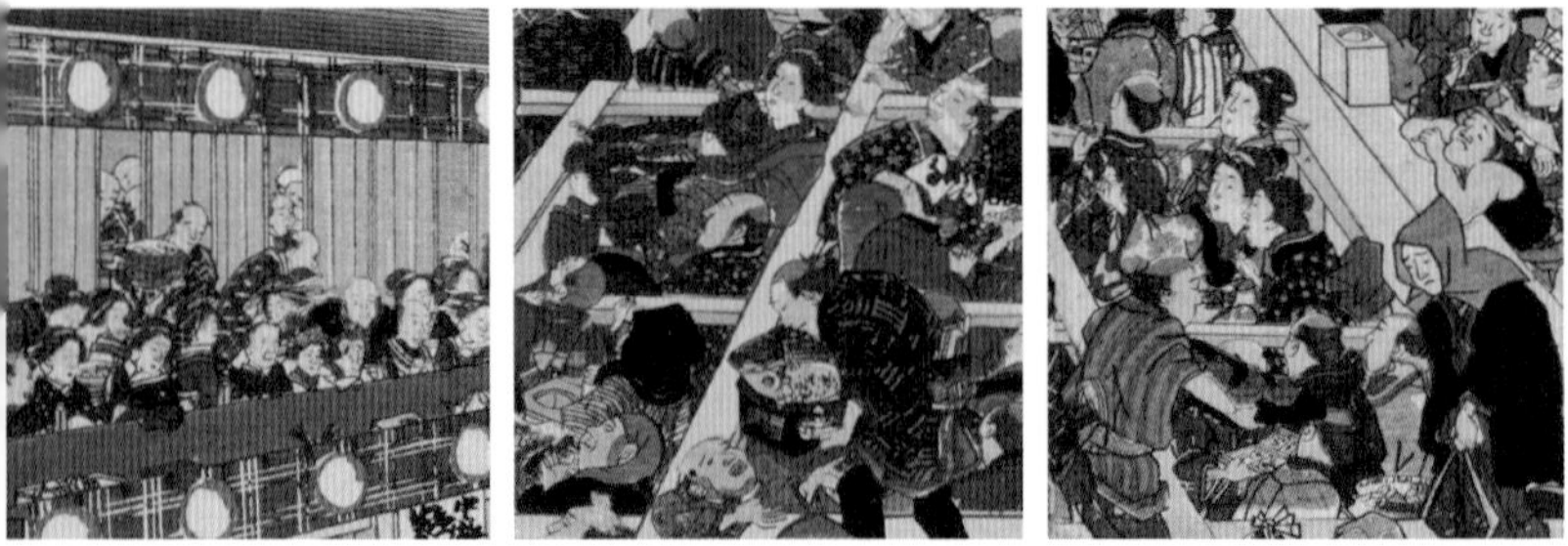

芝居茶屋からの料理や酒を桟敷や桝席に届ける男衆

せ）と老舗の菓子が出されました。

土間での一般客はどうだったのでしょうか。『守貞謾稿』によると、食事は座席の等級によって一定ではありませんが、最初に菓子、次に弁当（中飯）、寿司、終わりに水菓子（果物）というのが通例で、人数に応じて見物席へ運んできてくれました。

この「菓子《かし》」「弁当《べんとう》」「寿司《すし》」の頭文字をとって「かべす」と言い、土間の一般客のことを「かべす客」とも言いました。見物料には「かべす代」も含まれていました。

6 「かべす」の楽しみ

❶「か」＝菓子――砂糖の国産化

「かべす」の「か」は菓子のことで、芝居見物の飲食は、菓子から始まります。芝居茶屋が出していた菓子は初期のころは「編笠餅《あみがさもち》」ばかりでした。新粉に砂糖と小豆餡を入れて二つ折りにした編み笠に似た形の菓子です。次第に上客には出さないようになり、『守貞謾稿』が書かれた嘉永頃は「美製菓子を用ふ」とあるので、専門の菓子店による見た目にも美しい菓子を出したようです。

『宴遊日記別録』にも、菓子の贈答や土産に菓子を買って帰ったという記述があります。その菓子は、饅頭・羊羹・赤豆餅・葛饅頭・鹿子餅・煎餅・飴など、今でも私たちが目にしたり食したりしているものばかりです。砂糖の伝来は奈良時代とされますが、以来砂糖は貴重で高価な輸入品でした。今日馴幕府の砂糖国産化政策もあり、国内の砂糖生産が盛んになったのは江戸時代後期のことです。今日馴

『戯場訓蒙図彙』　国立劇場所蔵

染みのこうした菓子類もこの頃にできました。

また、芝居小屋では「顔見世」などの特別興行の時には、贔屓《ひいき》連より役者に贈られた品物を芝居小屋の木戸の前に積み上げて披露する「積物《つみもの》」という慣習がありました。江戸時代には芝居小屋と役者の契約は一年で、毎年十一月に新しく編成した役者の顔ぶれで最初の興行をしました。これを「顔見世」と言い、歌舞伎興行の中で最も重要な行事でした。

その様子が式亭三馬（一七七六〜一八二二）の歌舞伎解説書『戯場訓蒙図彙《しばいきんもうずい》』（一八〇三）にこう書かれています。「この日（十一月一日の前日）より初めて南側茶屋の屋根に思ひ思ひの作り物に花を飾る。贔屓連より引幕・幟《のぼり》・酒・蒸籠《せいろう》・米・炭・醤油に至るまで、山のごとく積み上げて、贔屓の手打ちは家々に賑はしく、なかなか筆に及びがたし」。挿絵の画面左下に虎屋の商標のついた蒸籠の絵が描かれています。蒸籠の中は饅頭です。芝居小屋は饅頭屋の上得意です。市村座・中村座出入りの饅頭屋の虎屋が両座の特別興行には蒸籠を積むのが慣例でした。安永六（一七七七）年刊の、江戸名物評判記『土地万両』には虎屋の項に「下戸《げこ》連を嬉しがらするきんとんもち」とありますので、こうした餅も「かべす」の「か」の一つとして親しまれていたのでしょう。土間の客に出される菓子は、餅や饅頭、串団子などが一般的でした。

❷「べ」＝「べんとう」——「幕の内弁当」登場

芝居と芝居の間の休憩時間である幕間に中飯として出されたのが「幕の内弁当」です。はじめは、役者や裏方のために作られたのが、やがて観客向けのものも作られるようになりました。

白飯に副菜が定番ですが、『守貞謾稿』には「円扁平の焼き握り飯十個に玉子焼・蒲鉾・煮物（蒟蒻、焼豆腐、干瓢、里芋）」とあります。江戸時代、卵一個はかけそば一杯よりも高価で、玉子焼きが入っていると御馳走でした。握り飯の大きさは「径《わた》り一寸五分（約四・五センチメートル）、厚さ五、六分（約一・五センチメートル）」。それらが六寸重箱（一八センチメートル四方）に入っていました。芳町にある「万久」という店が楽屋や観客用に作っており、笹折に入って一人前百文でした。

江戸時代の「**幕の内弁当**」（『守貞謾稿』記載の再現）
提供：一般社団法人 Plenus 米食文化研究所（同所ウェブサイト「弁当ライブラリー」より）

笹折に入った「幕の内弁当」は重宝がられ、やがて芝居に限らず病人への見舞いや贈答にも用いられるようになります。芝居茶屋でも重箱に移し替えて出したとありますから、評判のほどがわかります。「幕の内弁当」は、今も駅弁やコンビニ弁当の主流であり、白飯を主とし副菜に玉子焼き・蒲鉾・煮物という定番のメニューは「万久」が考えた当時と同じです。

コラム⑩ お弁当の普及と地廻り醤油

江戸時代後期には、お弁当は病人への見舞いや手土産などの贈答としても用いられるようになります。その背景には、「地廻り醤油」の普及があります。

江戸時代の初期には、醤油は上方（関西）から廻船で運ばれてくる下りものでした。「下り醤油」は高品質でしたが、米の三、四倍もする大変高価な調味料で庶民には手が届きませんでした。享保年間（一七一六〜一七三六）になって、江戸周辺の銚子や野田などで醤油が作られるようになり、約半値の安価で求められるようになります。この醤油は、江戸の周辺で作られ流通したので、「下り醤油」に対して「地廻り醤油」と呼ばれました。

「下り醤油」は淡口ですが、「地廻り醤油」は濃口で香りがあるのが特徴です。味の違いは、原料の違いによります。従来の大豆に加える大麦を、小麦に変えたのです。この濃口の味が江戸っ子の口にあい、大量生産によってより安価で手に入るようになったこともあり、急速に普及していきます。化政期（一八〇四〜一八四〇）には、市場を逆転させます。そして、この濃口の醤油が「江戸前食文化」を形成していきます。蕎麦、天ぷら、握り寿司、刺身、鰻蒲焼、佃煮、煮物……みんな濃い醤油あっての料理です。

『**下総国醤油製造之図（大日本物産図会）**』三代広重
野田市立図書館蔵

「幕の内弁当」の内容をあらためて見てみましょう。「焼き握り飯十個に玉子焼・蒲鉾・煮物（蒟蒻、焼豆腐、干瓢、里芋）」、煮物に注目です。濃く醤油で煮〆られた煮物は、大量に作ることができ、しかも生ものより日持ちがしますので前もって作り置きできます。濃い味の煮物は、味のアクセントとなり、米飯の味を引き立てて食欲を増進させます。江戸時代、玉子は高級品でしたので玉子焼きが入ると御馳走感がアップします。かまぼこは、あとから切って入れることができます。何気ないお弁当の副菜ですが、よく考えられています。

醤油は、製造中に使う食塩や、乳酸、もろみ発酵の際に発生する酵母などの働きにより、強い殺菌力があります。それが日持ちを良くする保存効果を発揮します。お弁当を芝居見物の多くの客に提供したり、贈答に使ったりできるようになったのは、この効果によるものです。お弁当を個人のものから、商品として提供できるものへと進化させたのには、この醤油の力が大きかったと言えます。

『花川戸の助六・三浦屋揚巻』豊国の３枚続きより助六と揚巻の２枚　国立国会図書館蔵

❸「す」＝「すし」――「助六寿司」

「かべす」の「す」は寿司で、観劇の終盤に近づき小腹がすいたころ、稲荷寿司と巻寿司を詰め合わせた「助六寿司」が出ました。

「助六」は、歌舞伎十八番の有名な演目「助六《すけろく》由縁《ゆかりの》江《え》戸《ど》桜《ざくら》」に登場する主人公の名前であり、演目自体の通称でもあります。助六の恋人は吉原の花魁《おいらん》「揚巻」です。揚巻の「揚」を油揚げに包まれた稲荷寿司に、「巻」を巻寿司になぞらえ、この二つを詰め合わせて、揚巻と恋仲であった「助六」の名で呼ぶようになったと言われます。助六が頭に巻いた紫のハチマキを海苔巻に例えたという説もあります。「揚巻寿司」ではなく「助六寿司」と呼ぶのに、江戸っ子らしい洒落の効いた遊び心を感じます。

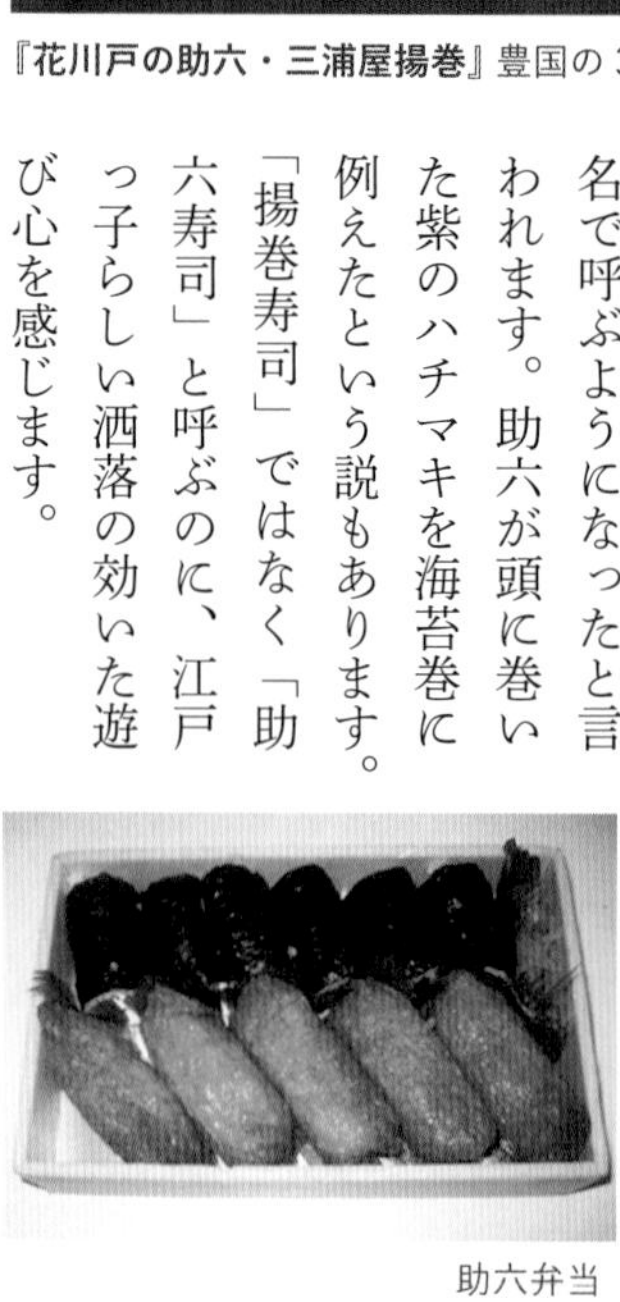

助六弁当

巻寿司は、江戸中期の一七五〇～一七七六年の間に生まれ、一七八三年頃に一般化しました。板海苔は、浅草紙の紙漉き製法をヒントに生まれたと言われており、海苔で巻いた巻寿司は江戸が発祥です。『守貞謾稿』（一八三七年刊）には「海苔巻」として干瓢《かんぴょう》の細巻が紹介されています。関西では、複数の具材を巻く豪華な太巻きが好まれましたが、江戸では具材をたくさん巻くのは粋ではないとすっきりした細巻が好まれました。「助六寿司」では、干瓢巻が詰め合わされています。

稲荷寿司は、天明の飢饉（一七八二～八八）の頃、油揚げの中に飯のかわりに木茸《キノタケ》（椎茸などキノコ類の総称）や干瓢を刻んでまぜた「おから」をつめて屋台で売ったのがはじまりと伝えられています。飢饉後には飯を入れましたが、座売りの棒手振《ぼてふ》りが商っていました。その頃は、長い棒状の寿司で切り売りされていました。客寄せ口上に「一本が一六文、半分が八文、一切れが四文、うもうて大きい稲荷さ～ま～」とあるように、魚を使っていないので非常に廉価でした。あまりに安いので買っているところを見られると恥ずかしいと、商売はもっぱら夜だったそうです。『守貞謾稿』にも「最も賤価鮨なり」とありますが、食物神であり商売繁盛の神様でもある稲荷神の名にもあやかろうと人気がありました。

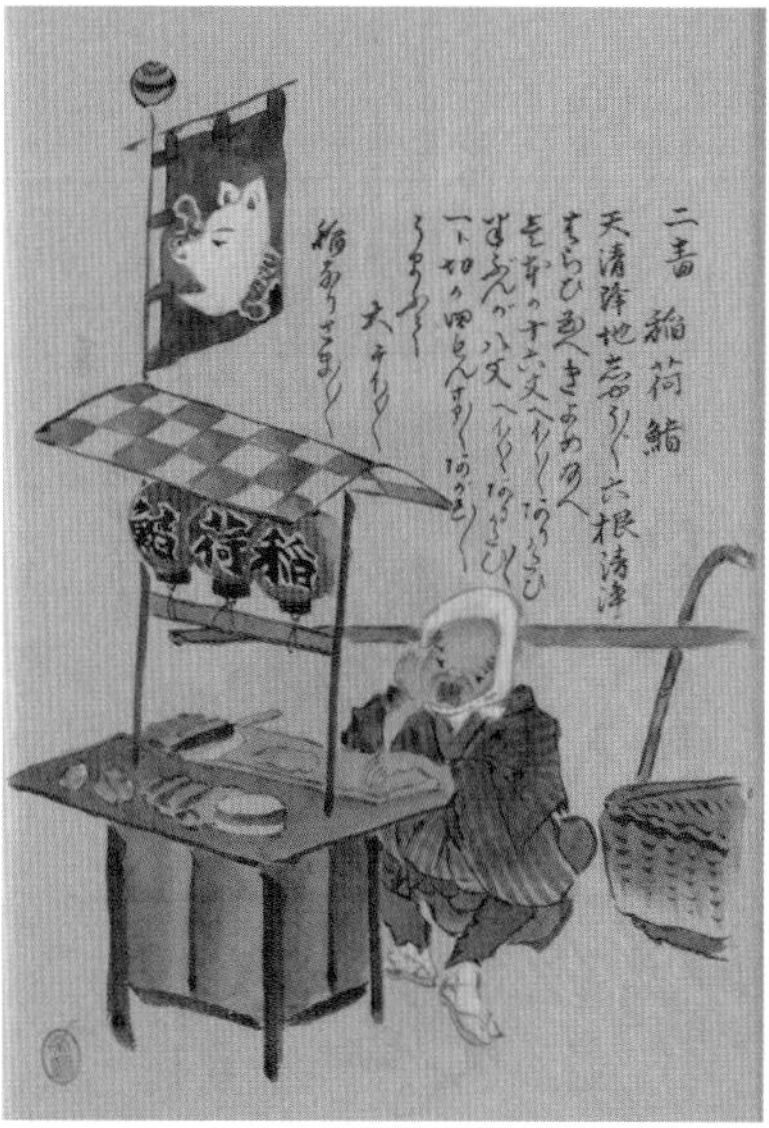

稲荷寿司の座売り
『近世商賈尽狂歌合』 国立国会図書館蔵

芝居見物をしながらの飲食ですから、「すし」

には食べやすいように箸ではなく長い楊枝が添えてあり、楊枝でさして食べたそうです。

コラム⑪「引き札」に見る江戸っ子の遊び心

『東都高名会席尽　万久・髭の意休』という「引き札」が残っています。引き札とは、江戸から大正時代にかけて作られた宣伝用のチラシのことです。目新しいもの、話題のものの図柄が多く、近代広告の元祖であり、広告キャッチコピーの先駆けと言われています。

この引き札では、歌舞伎役者演ずる意休が大きく描かれ、その背後に右に幕の内弁当、左に料理屋の「万久」が描かれています。意休は助六の恋人揚巻に横恋慕する武士で白髪・白髭の敵役です。「歌舞伎」「幕の内弁当」「意休→助六→助六寿司」と連想のキーワードが並び、図柄的にもインパクトがあり、江戸っ子の洒落気のある遊び心が発揮されています。歌舞伎を知る人には興味深い趣向です。

引き札『**東都高名会席尽 万久・髭の意休**』(1853)　国立国会図書館蔵

『東都高名会席尽』は、三世歌川豊国

が当時の人気役者を描き、背後に歌川広重が料理屋の店先と料理を描いた五〇枚の揃物です。この引き札が書かれたのは一八五三年ですが、はじめは「出方」であった「万久」が、「幕の内弁当」の人気により、この頃には江戸を代表する高名な会席料理店に発展していたことがわかります。

7 歌舞伎の変身——大衆演劇から芸術へ

客席で飲食しながら芝居見物するという習慣は、明治四十四（一九一一）年に東京に開場した帝国劇場が、食堂や休憩室を設けて芝居茶屋をなくし、場内での飲食を禁止したことから終了しました。客席で飲食しながら見物するという習慣がなくなったことは、「歌舞伎」の性質を大きく変化させました。

江戸時代に熱狂的人気を博した「歌舞伎」ですが、「歌舞伎」はあくまで大衆演劇でした。歌舞伎役者たちは、いかに人気があろうとも、「河原者」として身分上の差別を受けていました。歌舞伎が、今のような伝統と格式を重んじる芸術となったのには理由があります。

明治維新以後の日本にとって、幕末に欧米と締結した不平等条約の改正は悲願ともいうべき課題でした。政府は極端な欧風化政策をとるなかで、西洋のオペラにも匹敵する舞台芸術として「歌舞伎」に注目します。明治五（一八七二）年、明治政府は「高い身分の人や外国人が見るにふさわしいものを演じること。狂言綺語《きご》（つくりばなし）を廃止すること」などの要求を出し、歌舞伎のあり方に干渉するようになります。明治十九（一八八六）年には「日本が欧米の先進国と肩を並べうる文明国であることを顕示する目的で」政治家、経済人、文学者らが「演劇改良会」を結成します。そして、文明国の上流階級が見るにふさわしい演劇を目指し、女形の廃止、花道の廃止、劇場の改良、芝居茶屋との関係の見直しなどを提案しました。その実践として、時代考証を重視した史実に則った「活歴物《かつれきもの》」とよばれる新史劇が九代目市川団十郎（一八三八〜一九〇三）によって上演されたりしました。しかし、難解すぎて荒唐無稽な芝居に慣れた大衆には不評でした。急進的な改良案は座元の反対などもあり、中途半端なものに終わりました。

この演劇改良運動は成功したとは言い難いですが、明治二十（一八八七）年四月二十六日には天皇を迎えての初の天覧歌舞伎が上演されました。ときの外務卿井上馨邸に設置した仮舞台で九代目団十郎、五代目菊五郎、初代左団次らによる「勧進帳」「高時天狗舞」「操三番叟」などが演じられ、明治天皇が観劇しました。団十郎はその感激を「編笠を被らねば外へ出られなかった俳優が、主上のわたらせられる前で芝居をしたのは、偏《ひとえ》に聖代の余徳であろうと思います」と述べています。

このときから歌舞伎は大衆演劇ではなく、芸術に変わっていったのです。ときはまさに欧風化政策が強行に進められた鹿鳴館時代（一八八三〜一八八七）のことでした。

コラム⑫　江戸の風俗百科事典『守貞謾稿』

『守貞謾稿』は江戸時代後期の江戸・京都・大阪の風俗・事物を記した類書（一種の百科事典）です。

『守貞謾稿』庶民の芝居見物　国立国会図書館蔵

著者は喜田川守貞（一八一〇〜没年不詳。本名は北川庄兵衛）という浪速生まれの商人で、「一生をむなしく過ごすのは残念だ」という思いから「専ラ民間ノ雑事ヲ録シテ、子孫ニ遺ス。唯古今ノ風俗ヲ伝ヘテ、質朴ヲ失セザランコトヲ欲ス」と、民間の雑事を記録することにしました。

三〇歳近くになって江戸に移り、その事物習俗が京阪とはあまりに違うので、驚きました。

天保八（一八三七）年から約三〇年間書き続けて、全三五巻をなしました。

江戸時代の風俗を家宅・生業・遊戯など二九に分類・整理し、挿絵を加えながら詳細に考証・解説しています。

　生前には刊行されませんでしたが、明治四十一（一九〇八）年に『類従近世風俗誌』として翻刻されました。守貞には絵心があり、写生などを含め一六〇〇点に及ぶ図が付記されており、江戸時代の近世風俗を知る貴重な文献資料となっています。

第四章 駅弁

旅情を楽しむお弁当

日本では、全国の鉄道の主要な駅に地域それぞれの趣向を凝らした「駅弁」があります。走る列車の車窓の景色を眺めながら地域ならではの味を楽しむことは、列車旅の大きな楽しみでした。車中で食べる軽食は外国にもありますが、地域にちなんだ食材で作られたお弁当を手軽に買えるのは日本だけです。今では、車両構造や運行ダイヤの変化から列車旅のあり方が変わってきましたが、「駅弁」には根強い人気があります。そして、海外からも日本独自の食文化として熱い視線が寄せられています。

1　フランス、パリ・リヨン駅の駅弁テスト販売

「パリ・リヨン（Paris-Lyon）」駅は、フランスの新幹線ＴＧＶ《テジェヴェ》の発着本数がフランスで一番多い駅

です。二〇一六年三月、モダンな雰囲気の待合ホールの中央に和風の店構えの売店が設置されました。三月一日から四月末にかけて、日本の「駅弁」がテスト販売されたのです。

グルメの国フランスですが、移動時の食事にはあまりこだわりがなく、駅構内の売店でも車内販売でもサンドイッチかスナック菓子くらいしかありません。近年フランスでも日本のお弁当が人気です。初めての「駅弁」販売を知ったお弁当ファンが開店初日に行列を作りました。

売り出された「駅弁」は、ご当地「パリ リヨン弁当」(一五ユーロ　約一九〇〇円)、「幕の内折詰弁当」(一五ユーロ　約一九〇〇円)、「日本のおもてなし弁当」(一三ユーロ　約一六〇〇円)、「助六弁当」(八ユーロ　約一〇〇〇円)、「おにぎり弁当」(八ユーロ　約一〇〇〇円)、の五種類。

「駅弁」は地方色が特徴です。「パリ リヨン弁当」は、パリ・リヨン駅のために特別に考えられたもので、フランス人の食習慣にあわせて、前菜に煮物と卵焼き、主菜にシャロレ地方の高級牛肉を使ったすき焼き、デザートにカステラ、と工夫しました。白いご飯が苦手なフランス人のために、ふりかけも散らしました。容器は薄い木製の松花堂。掛紙《かけがみ》の裏に、メニューの説明が仏語と日本語で書かれています。

「幕の内弁当」は、九つの仕切りに焼き魚や栗ご飯を入れて彩りも鮮やかな仕上げです。「日本のおもてなし弁当」には、海老フライやから揚げなど、おもてなし惣菜が竹皮の弁当箱に詰め合わされています。「助六弁当」は歌舞伎演目ゆかりのストーリー付のお弁当、容器も巻簾《まきす》とおしゃれです。「おにぎり弁当」は具もおかか、炊き込みご飯、鮭と三種類で竹皮包。「助六弁当」と「おにぎり弁当」は値段を手頃に設定し、スナック感覚で楽しんでもらおうという趣向です。

2016年フランス「**パリ・リヨン駅**」での「駅弁」テスト販売
提供：㈱日本レストランエンタプライズ
相馬孝章氏

乗降客の多い場所に設置された売店は、日本の「駅弁」を知らない人たちも興味津々で覗いていきます。好奇心も手伝って売れ行きは上々でした。「駅弁」販売は一日二七〇食、パリ市内の厨房で日本人スタッフが作り、駅売店には一日二回配達、食材はパリで調達しました。

この企画は、平成二十七（二〇一五）年JR東日本の「駅弁」を扱う系列会社、日本レストランエンタプライズが、フランス国鉄に駅弁販売を打診したことから始まりました。「地方の料理を移動時に楽しむ」というフランスにはないコンセプトが気に入られ、新規事業の可能性の検証として実現しました。販売にあたっては、単にお弁当を売るのではなく「駅弁」とともに日本文化も伝えたいと、笑顔で話しかけお辞儀をして袋を手渡しする、といった日本人ならではの丁寧な接客も大切にしたそうです。

これまでシンガポールや台湾で「駅弁」のイベント販売の試みはありましたが、本格的な販売はパリ・リヨン駅が初めてでした。この企画は大変好評で五月二十六日まで期間延長され、完売の「パリ リヨン弁当」に代わって「すき焼き弁当」が提供されました。

「駅弁」の海外販売の可能性の確かな手応えが感じられるテスト販売でした。

2　駅弁の魅力――「掛紙《かけがみ》」

パリの人々が驚いたものに、「掛紙」の美しさと「駅弁」のパッケージの多様さがあります。

ここで言う「掛紙」とは、お弁当の容器の上にかけてある簡易包装紙のことです。

❶パリでのテスト販売駅弁の「掛紙」

パリ・リヨン駅で販売された駅弁の「掛紙」は、日本情緒を感じさせるとともに、お弁当の内容に合ったすばらしいものでした。ことに「パリリヨン弁当」の「掛紙」は、エッフェル塔や凱旋門、シャンゼリゼ通りなどパリの名所が日本伝統の雲霞や青海波の文様とともに描かれ、桜がやわらかな季節感をかもし出しています。あしらわれた真っ赤な昇る太

パリ・リヨン駅で試験販売された駅弁の「掛紙」
提供：㈱日本レストランエンタプライズ　相馬孝章氏

陽は「日出ずる国・日本」の象徴でもあり、これからの日仏関係の明日を表現しているかのようです。

「駅弁」にかけてある「掛紙」は、お弁当を食べるときには外して捨ててしまうものです。その「掛紙」がこんなにも凝った美しいものであることに、「駅弁」を買った人たちは驚きました。日本人は料理をするとき、見た目の美しさを重視しますが、それは料理だけでなく器に関しても同じです。「掛紙」も単なる包装紙ではなく器の一部と考えられ、いろいろな趣向が凝らされています。

あらためて見てみると、中身やその地域を感じさせたり、時代の流行を取り入れたデザインがあったりと、「掛紙」は見ごたえのある優れもの揃いです。

❷「掛紙」の由来と意味

いったい、「掛紙」はどのように起こり、どんな意味があるのでしょうか。

日本では、贈り物をするときに「のし紙（熨斗紙）」をかける伝統があります。「のし」は長寿をあらわすとされる食べ物の鮑《あわび》を乾燥させてうすく伸ばし、縁起物の神饌《しんせん》として奉納されたのが由来とされます。奈良時代初期に編纂された『肥前国風土記』に熨斗鮑についての記述があります。やがて、武家社会でも武運長久を願う縁起物として陣中見舞いなどに用いられるようになり、のし鮑ではなく和紙を折り目正しく折り、物を包んで渡すという武家礼法へと発展していきます。進物を紙で包むことは平安時代から行われていましたが、室町時代に「折形礼法《おりかたれいほう》」として確立されます。

「のし」には、「内のし」と「外のし」があります。「内のし」は包装紙に包む前に贈答品やその箱に直接つける「のし」のことをいい、控え目な贈答の感じになります。「外のし」は包装した上からかけるもので、直接手渡しするときに用いられ、ひと目で贈り物だとわかります。のし紙のかけ方にも地域差があり、一般に関西では「内のし」、関東では「外のし」を好むと言われます。どちらも相手への祝意や繁栄を願う気持ちがこめられています。

「駅弁」は関東から始まり、直接手渡すものですので、「掛紙」は「外のし」の流れを汲むものと考えられます。「のし」は慶事の贈答に使われることが多く、単に習慣だからというのではなく、旅客の旅の安全と快適を願う気持ちも込められているのでしょう。

❸「掛紙」が語る世相とメッセージ

日本での鉄道の開通は明治五（一八七二）年、乗客のための弁当である「駅弁」は、明治十八（一八八五）年に宇都宮駅で、鉄道会社の委託を受けて地元の旅館が売り出したのが最初です。握り飯二個とたくあんを竹の皮で包んだものでした。

やがて、いろいろな駅で「駅弁」が販売されるようになりますが、草創期の「駅弁」は、握り飯やサンドイッチなど手摑みで手早く食べられるものがほとんどでした。明治後期から幕の内弁当タイプの駅弁が登場しますが、献立は全国的にほぼ同じようなものでしたので、地域の特色を出すために「掛紙」が重要視され、ご当地感を醸し出すデザインが多く作られました。

明治三十六（一九〇三）年、鉄道局によって「停車場構内物品販売営業人従業心得」が定められました。「弁当、寿司、サンドウィッチ等ノ包ミ紙ニハ左記事項ヲ鮮明ニ印刷スベシ」「種類、等級、代価及ビ製造店名」「其駅付近ノ名所、又ハ旅客案内トナルベキ事項」「本品ニ付不良又ハ不注意アリタ

マナーの注意書きがある掛紙
「昭和 8 年 秋山亭 上等 御辨當」

名所案内付きの掛紙
「昭和初年 秋のおとづれ」

鉄道局の定めを遵守した掛紙です。右の掛紙に書かれた駅販売のお弁当や物品とその値段から時代がわかります。左の掛紙には「車内を整頓して愉快に旅行を致しませう」と書かれていて，お願い式の注意と違って，やさしい感じがします。紅葉の渓谷（右），熊谷堤の桜並木（左）の絵が美しく，ご当地感と季節感が伝わってきます。

2 点とも 熊谷市立江南文化財センター蔵　提供：熊谷市教育委員会

国民新聞と目薬会社の広告付き

高崎駅「とりめし」
高崎弁当㈱

1964 年東海道新幹線開通記念の復刻版

3 点とも 提供：日本鉄道構内営業中央会

掛紙が語る
世相とメッセージ

ルトキハ郵税先払ニテ申告希望ノ旨」とあります。それから多様なデザインの掛紙が登場します。駅からの観光情報だけでなくその地方の企業や大手企業の広告が載ったものあり、掛紙は一種の「情報紙」の役割も担っていました。企業の広告付の掛紙は大正時代後期特有のものです。大正から昭和の戦前にかけて、駅弁にご当地名物料理が登場し、見ただけでお弁当の内容がわかる掛紙も作られました。戦前の「掛紙」には、「御注意　空箱を窓から投げないで腰かけの下にお置き下さい！」「荷物は棚か腰かけの下にお置きください」などの車内マナーや注意書があるのも興味深いことです。

注意書と言えば、夏目漱石の『三四郎』の冒頭部分に「三四郎は空になった弁当の折を力一杯に窓から放り出した」、四十がらみの男性乗客が「散々食い散らした水蜜桃の核子《たね》やら皮やらを、一纏めに新聞に包んで、窓の外へ抛げ出した」という記述があります。三四郎が九州から上京する汽車の中の場面です。水蜜桃を投げた男性乗客は、のちに三四郎とかかわりを持つことになる広田先生です。このことに関して乗客の誰も非難の言葉を口にしていないので、きっとよく見られる光景だったのでしょう。

やがて日中戦争から太平洋戦争に突入すると、駅弁は食料不足のため節米タイプのものとなっていき、「掛紙」も軍事色の強いデザインが目立つようになっていきます。戦意高揚のための標語だけでなく、食糧難を反映して「外米使用」のスタンプのあるものも登場します。

経済復興時には、新幹線開通記念や東京オリンピックを祝う「掛紙」も登場しました。山下清ややなせたかしなどの人気画家や漫画家も「掛紙」をデザインするようになりました。近年では、「くまモン」など人気ご当地キャラクターも登場です。

「掛紙」から世相が感じられ、地域や時代からのメッセージが伝わってきます。

3 「駅弁」お弁当箱の魅力

パリ・リヨン駅の試験販売では、「駅弁」の容器（お弁当箱）の多様さも注目されました。「薄い木製の松花堂」「折箱」「竹皮の弁当箱」「巻簾」「竹皮」、食べたら捨てる旅のつれづれのお弁当の容器にこんなに種類があるなんて、ガメルに慣れたフランス人はびっくりしました。でも、日本における「駅弁」の容器はさらに多様です。お弁当の魅力は、箱のふたを開けるときのわくわく感。趣向を凝らしたお弁当箱は、おいしい食事への期待を高めてくれます。おいしく楽しく食べてもらえるよう工夫した容器の駅弁をいくつかご紹介しましょう。

●鉄道ファン垂涎——新神戸駅「夢の超特急　0系新幹線弁当」

「鉄ちゃん」「鉄子」と呼ばれる鉄道ファンが全国にたくさんいます。その垂涎の駅弁が、新神戸駅他で発売の「夢の超特急　0系新幹線弁当」です。

「くまモンのごちそう弁当」 提供：淡路屋
2016年，山陽・九州新幹線相互直通開通5周年記念の期間限定販売で，JR西日本の発案で神戸松蔭女子学院大学の学生と駅弁屋の「淡路屋」がコラボして作りました。掛紙ではなく，紙のお弁当箱の蓋にくまモンが印刷されており，食べようとお弁当箱の蓋をスライドするとくまモンが笑顔になる仕掛けになっています。掛紙の進化版と言えましょう。近年，このような地域の大学とコラボした駅弁づくりが盛んになりました。

新神戸駅他「**夢の超特急0系新幹線弁当**」淡路屋

高松駅「**アンパンマン弁当**」ステーションクリエイト東四国

一九六四年十月一日、東海道新幹線が開通しました。東京オリンピック開催のわずか一〇日前のことです。車両が軽く重心の低い0系車両は空気抵抗が少なく、試運転で時速二五六kmの世界最速を記録し、「夢の超特急」と呼ばれました。新幹線は日本の戦後復興の象徴であり、国民の誇りでした。その高い技術力は海外からも高い評価を得ました。0系車両は、二〇〇八年十一月に新車両N700系と交代し引退しましたが、日本が誇る世界初の高速列車0系の勇姿を永久保存したいと0系車輌を模した容器に入っています。鉄道の歴史を伝える貴重な駅弁です。

●キャラ弁──高松駅「アンパンマン弁当」

駅弁でもキャラ弁は人気です。なかでも高松駅の「アンパンマン弁当」は、お弁当箱も中身もまさにキャラ弁そのものです。やなせたかしの人気マンガのキャラクター「アンパンマン」をデザインした弁当箱の蓋を開けると、アンパンマンの顔のチキンライスを真ん中にして、周りに鶏のから揚げなど子供の好きな副菜が彩りよく盛りつけられています。キャラクターのバラン（仕切り）、ソース入れ、さらに弁当箱には、アンパンマンの水筒が付いています。食べ終わった後にも再利用できるようになっています。子供はもちろん大喜び、子供や孫へのお土産として買っていく人も多い人気駅弁です。

●フタを開けると「ふるさと」のメロディ――松阪駅「松阪名物黒毛和牛モー太郎弁当」

「松阪名物黒毛和牛モー太郎弁当」の容器は、インパクトのある牛の顔の形をしています。ふたを開けると、童謡「ふるさと」のメロディがオルゴールで流れます。ふたの裏に電子オルゴールが貼り付けられており、それが光を感知して電子音が流れる仕組みです。オルゴール音は六〇秒流れる設定ですが、ふたを閉めるか暗がりに置くと音は止まります。「ふるさと」の曲が懐かしい郷愁を誘います。ユーモラスな牛の顔とのギャップも楽しい駅弁です。このオルゴールは、取り外して別のものに貼り付ければ、さらに二〇〇〇回程度も楽しむことができるそうです。

松阪駅「**黒毛和牛モー太郎弁当**」
駅弁のあら竹

横川駅「**峠の釜めし**」
おぎのや

●温かいお弁当――横川駅「峠の釜めし」

「駅弁」は、列車の短い停車時間内にすぐ提供できるように前もって作り置きしていますので、さめているのは当たり前のことでした。でも、本当は「温かいお弁当が食べたい」というのが多くの乗客の本音です。温かいお弁当の提供に最初に取り組んだのが、信越本線横川駅「峠の釜めし」です。「温かく」を実現するために着目したのが、当時駅弁と共に売られていた緑茶の土瓶です。その高い保温性を生かして益子焼の一人用の土釜を容器にすることを思いつきます。一九五八年二月、益子焼の土釜入りの温かい弁当「峠の釜めし」が売り出されました。これは、当時の「駅弁＝折り詰め」「弁当＝さめたもの」という常識をくつがえす画期的なことでした。たちまち人気駅弁となり、販売開始からの約四〇年間で一億個を売り上げました。

●加熱機能付容器——新神戸駅「あっちっち但馬牛すきやき弁当」

一九八八年、神戸の駅弁屋「淡路屋」が化学メーカーと組んで「加熱機能付容器」を開発し、全国で初めて加熱式の「すき焼き駅弁」を販売しました。弁当箱の底に生石灰の袋と水の袋が入っており、紐を引くことで水袋が破れ、生石灰と混ざって化学反応を起こし発熱するという仕組みです。蒸気の力で温めた「すきやき」はふんわり柔らかく電子レンジでは出せない味わいです。二〇一六年から販売の「あっちっち但馬牛すきやき弁当」は、兵庫県認証の但馬牛やお米や卵を使用しています。この駅弁の特徴の一つは殺菌済みの生卵がついていること、熱を通さないシートで包まれ、加熱しても卵が割れたり固まったりせず、生で食べられるよう工夫されています。

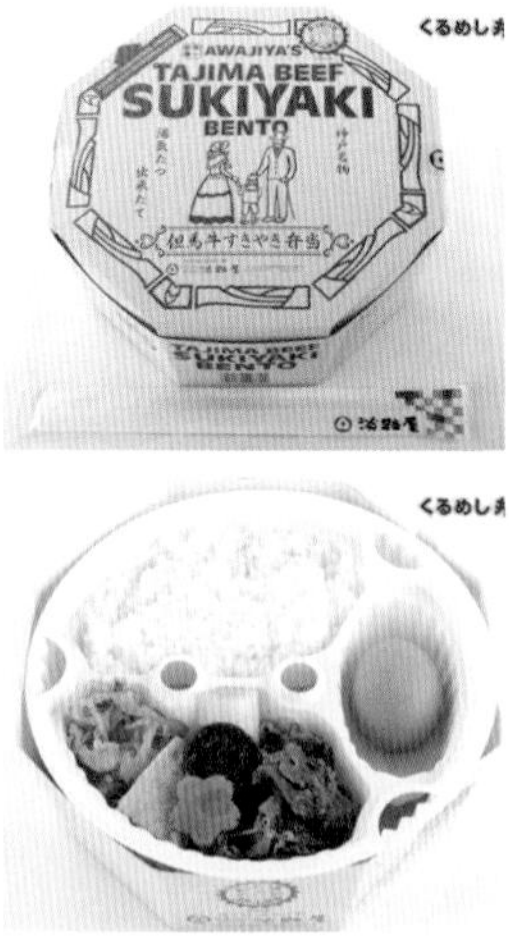

新神戸駅「あっちっち但馬牛すきやき弁当」淡路屋

●自然分解プラスチック製弁当箱——鳥取駅「山陰鳥取かにめし」

環境問題が重視されるようになって久しい日本社会ですが、環境配慮がなされた駅弁のさきがけが、日本初の部分生分解プラスチック容器に入った鳥取駅の「山陰鳥取かにめし」です。一見普通のプラスチック容器に見えますが、焼却時にダイオキシンが発生せず、自然環境下で最終的に微生物によって水と二酸化炭素に分解され、土に還ります。そのため、ゴミとして投棄された場合半永久的に分解されずに残る従来のプラスチックに比べ、自然環境への負担が少ないのです。赤いカニの形をした容器に目いっぱい、カニのほぐし身がご飯の上に詰まっています。

「**ますのすし**」笹の押し寿司
中川一政デザインの紙パッケージ
ますのすし本舗 源

鳥取駅「**山陰鳥取かにめし**」
アベ鳥取堂

●木桶に入った笹ずし——富山駅「ますのすし」

白地に大きく鱒の絵が描かれ、朱色の力強い字で「富山ますのすし」と書かれた紙のパッケージを開けると、竹とゴムバンドで固定された木桶が出てきます。木桶の中には、笹の葉に包まれた「鱒寿司」が入っています。竹と収縮するゴムバンドが寿司の水分量に合わせて押しの力となり、木桶が水分を上手く逃がすことが、味の良さにつながります。日持ちの良さは、笹の抗菌、殺菌、防腐作用によるものです。鱒寿司は富山県の郷土料理で、古く平安時代中期から朝廷や幕府へ献上されてきました。献上品として珍重された歴史ある鱒寿司を手軽に食べられるようになったのは、一九一二年に駅弁として販売されるようになってからです。紙のパッケージは、文化勲章受章の中川一政画伯（一八九三〜一九九一）の絵と書によるもので、一九六五年から使われています。斬新なパッケージと笹の緑と鱒の色の彩も美しく、駅弁としてだけでなく贈答品としても高い人気があります。

4　駅弁の「盛り付け」の魅力

パリ・リヨン駅での「駅弁」の試験販売で、もう一つ人々の目をひきつけたのは、弁当箱の中に詰められた料理の多彩さと盛り付けの美しさでした。「地方の料理を移動時に楽しむ」という食文化も驚きでしたが、旅のつれづれの言わばそのときだけの「駅弁」に、容器だけでなく味付けや盛り付けにも細かい工夫を凝らすなんて、外国の人々には新鮮であったにちがいありません。

「幕の内弁当」は「駅弁」の代表的なものです。小さな弁当箱の中に、握り飯とそれぞれ異なる調理法・味付けの海の幸、山の幸、里の幸が詰め合わされています。それらの副菜は見慣れた食材ばかりですが、取り合わせの彩が美しく、具材の切り方にも凝って季節感を表しています。

インダストリアルデザイナーの栄久庵憲司《えくあんけんじ》（一九二九〜二〇一五）は、その著『幕の内弁当の美学』で、「限られた一尺四方の箱の中にたくさんのおかずを入れて、互いを邪魔せずそれぞれの特性を活かし新しい風景を描く幕の内弁当は日本のデザインの原点である」と述べています。「枠を作りその

パリで試験販売された駅弁の盛り付け
提供：㈱日本レストランエンタプライズ　相馬孝章氏

姫路　まねき食品「**味づくし**」

中で勝負する」「小さくして本質を活かす」という日本人の造形美学が、限られた容器の中に凝縮されています。

盛り付けの基本は、「見て美しいこと」と「食べやすいこと」。「物相《もっそう》ご飯」を取り入れている駅弁もあります。「物相ご飯」とは、茶の湯の点心（軽い懐石）用の物相という抜き型で形作ったご飯のことです。物相には、梅・桜・松・銀杏・末広・瓢箪など、いろいろな型があり、見た目に美しく楽しいだけでなく、季節感や祝意などを表すことができます。

この小さな箱のお弁当に、「掻敷《かいしき》」があしらわれている駅弁もあります。「掻敷」とは、料理に添えて季節感や清涼感をあらわすものです。料理の下に敷く木の葉や笹の葉、花鳥風月などを表現した細工野菜などがあります。植物の葉を使えば「葉掻敷」、葉以外の部分も併用する場合は「青掻敷」、紙を敷けば「紙掻敷」と言います。青じそ、南天の葉、菜の花、紅葉、菊花などをちょっと添えると、季節感が漂い、彩りよく、形も美しくきまります。花の形をした人参もよくあしらわれています。また、副菜の仕切りに使われているバランは緑色の薄いプラスチックで作られていますが、葉蘭をギザギザの山型に切った形になっています。単なる仕切りではなく、その緑色がお弁当の副菜のアクセントにもなっています。これも一種の「掻敷」と言えるでしょう。

和食は「絵を描くように盛る」と言われます。配色のポイントは「しょうおうしゃくびゃくこく（青（緑）・黄・赤・白・黒）」のバランス。野菜の緑、卵焼きの黄色、にんじんの赤、御飯の白、豆やゴマの黒、など「料理の五色」と言われる色彩が小さなお弁当箱の中にしっかりと盛り込まれています。

「駅弁」は大手の業者もありますが、大部分が地域の中小の家内制手工業で作られています。日本の地域の隅々にまで、このような美意識が浸透していること、それこそ日本の食文化の特色と言えるでしょう。

コラム⑬『料理早指南』——お弁当の詰め方指南

「花見弁当」の章で紹介した江戸時代の料理書『料理早指南』には、お弁当の献立や提重などのお弁当箱の紹介の他に、料理の詰め方についての指南も挿絵付で載っています。

「詰方大かい如此《かくのごとし》　但し銘々の思入にていかようにも詰かたすべし　只同じやうの定規《じょうぎ》にならぬようにつめるよろし　色のとりあわせ専一なり　似たる色の一ところへよらぬようにすべし　又あかきいろは中のほうへ置くべし　重

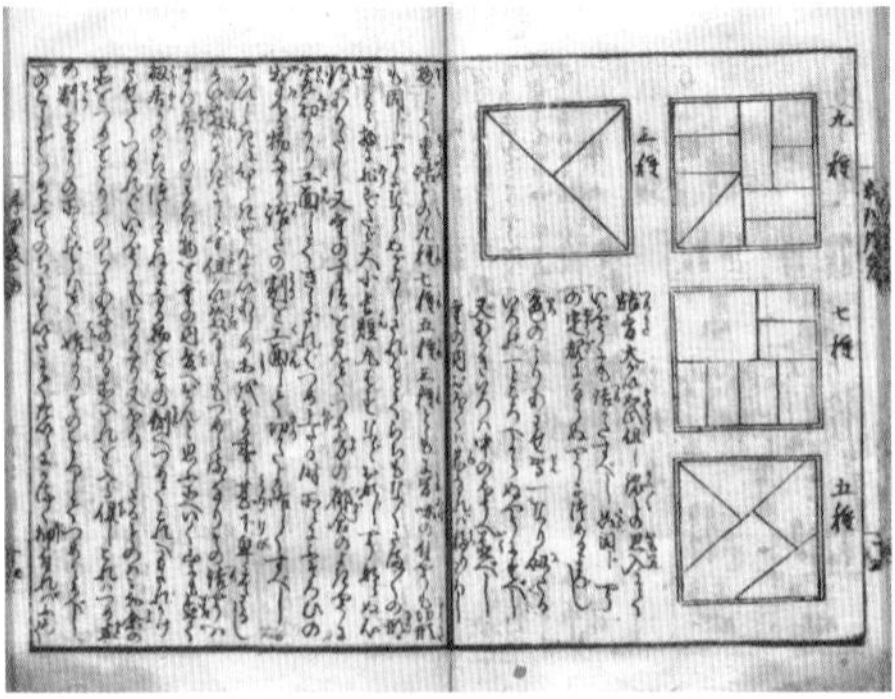

醍醐散人『**料理早指南　料理後篇花船集**』味の素食の文化センター蔵，新日本古典籍総合データベースより

の内おほくは朱なれば移りわろし」とあり、「どんなふうに詰めてもいいけれど、決まりきった形になったり、同じような色が集まらないようにしなさい。彩りが第一ですよ。赤い色のものは真ん中あたりに持ってくると映えます。ただし、重箱の中にあんまり朱系統の色が多いのも見た目にきれいじゃありません」と、盛りつけや彩りの細部に至るこだわりが述べられています。

5　駅弁の歴史

「駅弁」は、その名の通り、鉄道で旅する人のために駅で売り出されたお弁当です。その歴史をたどってみましょう。

日本での鉄道の開通は明治五（一八七二）年、区間は「新橋〜横浜」で所要時間は五三分でした。開業時の全区間の運賃は上等が一円一二銭五厘、中等が七五銭、下等が三七銭五厘。料金は、当時の並カゴの料金と下等の運賃、早カゴの料金と上等の運賃を大体同じにという基準で決められていました。この下等運賃で米が五升半（約一〇キログラム）も買えるほどの料金でしたが、物珍しさも手伝い、鉄道は大人気でした。記録によると、開業翌年の明治六（一八七三）年の営業状況は、乗客が一日平均四三四七人、年間の旅客収入四二万円と好調です。駅構内には、乗客だけでなく見送りや出迎えの人々も多く、彼らのための食堂が明治六年六月、新橋駅構内で営業を開始しました。

❶「駅弁」の定義

乗客のためのお弁当である「駅弁」は、すでに述べたとおり、明治十八（一八八五）年、日本鉄道の上野—宇都宮間の開業に合わせて、宇都宮駅で売り出されたものが最初でした。「黒ゴマをまぶした梅干し入りのおにぎり二個とたくあん二切れを竹の皮で包んだもの」で、値段は五銭でした。当時米一升が三銭八厘八毛でしたので、なかなかの値段でした。宇都宮駅は当時まだ原っぱの中、上野—宇都宮間の列車の運行は一日四往復で片道三時間三〇分、鉄道の旅は便利でしたが長旅でした。このお弁当は、その道中の空腹を満たすために、鉄道会社が駅構内で食料品を販売していた地元の旅館白木屋に委託して売り出したものです。次いで横川駅、翌年に高崎駅、翌々年に小山駅、国府津駅、浜松駅と次々に駅売弁当が登場しましたが、内容はいずれも握り飯に香の物を竹の皮に包んだものでした。

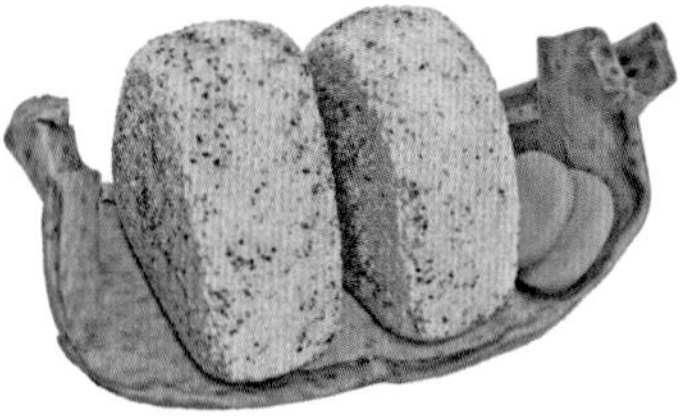

宇都宮駅の駅弁を再現
提供：日本鉄道構内営業中央会

現在のような折箱に入った幕の内風の弁当は、明治二十二（一八八八）年の東京—神戸の東海道本線の全通を記念して、姫路駅で「まねき食品」が初めて販売しました。経木の折箱の上折りにおかず、下折箱にご飯、と二段になったものでした。お弁当は、「鯛の塩焼き、伊達巻き、焼きかまぼこ、だし巻き卵、大豆こんぶ煮付け、栗きんとん、ごぼう煮つけ、少し甘みをつけて炊いた百合根、薄味で煮つけた蕗、香の物は奈良漬と梅干し、黒ごまをふった白飯」と、豪華なもので、値段は一二銭でした。こうした二段重ね弁当は「上等御辨當」と呼ばれました。当時、鉄道に乗って旅をすることは、庶民にとって特別なことでした。その特別な日に少しでも豪華なお弁当を提供したいと、鉄道に乗るのと同様に特別なこととされていた芝居見物の幕間に提供される「幕の内弁当」を参考にしたそうです。

今ではいろいろな駅弁が売られていますが、日本国有鉄道（国鉄）時代末期までは、白飯と一般的な惣菜を使用したいわゆる幕の内弁当の系列のものを「普通弁当」と称し、それ以外の弁当を「特殊弁当」と称して制度上の区分がなされていました。その上、「米飯が入っていないものは駅弁ではない」という定義までありました。駅弁は調製してから購入・消費までに時間差があり、食中毒の防止のため調製方法などに厳しい基準が設けられ、製造から四時間以内で売り切らねばならないという規制もありました。調理施設の完備や夏に向けての衛生管理には鉄道管理局から特に厳しい指摘や通達がありました。

鉄道は次第に全国に広がり、駅弁の販売も広がっていきます。明治二十四（一八九〇）年には「一ノ関」「黒沢尻（北上）」の両駅で初めての「特殊弁当」

「上等御辨當」（まねき食品）　日本最初の幕の内駅弁

である「のり巻き」が売り出されます。明治三十年代、東京―大阪間は急行でも一六時間かかりました。毎回「幕の内弁当」では飽きてしまいます。この頃から、ご当地の食材を中心とした駅弁が登場します。静岡駅「鯛めし」、山北駅「鮎寿司」、大船駅「サンドウィチ」、小田原駅「小鯵押寿司」などですが、これらは「特殊弁当」と呼ばれ、「駅弁」とは認められませんでした。

また、今では「駅弁」という呼称が当たり前になっていますが、明治時代は「汽車弁当」「汽車弁」

と呼ばれていました。

コラム⑭　特殊弁当いろいろ

駅ごとにさまざまな特殊弁当が工夫されました。

そのなかで珍しいものに、お正月に販売された「お雑煮」があります。明治から大正にかけて長野駅で販売されたもので、松・梅を形どった蒲鉾、タケノコ、鶏肉があしらってあり、値段は一五銭でした。大変評判がよく、長野駅の名物になりました。お正月は本来のお弁当の製造販売も忙しいため、出入りの大工や商人にも手伝ってもらって製造したそうです。

その他、評判になった特殊弁当に、同じく長野駅の「お茶漬弁当」があります。青磁色の隅切の容器にお茶を入れ、茶碗付。折箱に入ったご飯と香物で三〇銭でした。末広形に抜いたご飯が三個、お茶は袋に入れてあり、販売のつど熱いお湯をさしました。お茶の量は三回分たっぷりありました。販売は大正十三年頃からで、食糧事情が悪くなるまで続きました。温かい駅弁の提供は、この「お茶漬弁当」が最初と言えるかもしれません。

［参考］降幡利治『信州の駅弁史』

❷駅弁と時刻表

今では、インターネットで列車発着の時刻や乗り継ぎ、運賃などについて簡単に調べることができるようになりましたが、かつて時刻表は旅の必需品でした。鉄道開通時から時刻表はありましたが、定期的に発行されるものではなく、手に入れても数ヶ月前のもので、実際とは異なっていて役に立たないこともありました。

日本初の月刊時刻表『汽車汽船旅行案内』は、明治二十七（一八九四）年十月五日に庚寅新誌社《かうえんしんしゃ》から手塚猛昌《てづかたけまさ》（一八五三〜一九三二）により出版されました。英国の「ブラッドショー鉄道旅行案内」（一八三九年創刊の世界初の時刻表。一八四一年より月間）を参考にしたもので、福澤諭吉（一八三五〜一九〇一）が知見を提供したといわれています。手塚は長州の出身で洋学研究を志して上京し、三十三歳で慶應義塾に入学しました。全国に鉄道や汽船網が整備されていくのを見て、正確な時刻表の必要性を感じます。この『汽車汽船旅行案内』は、発車時刻や運賃のほか、沿線の案内や紀行文なども掲載されており、駅名・時刻とも漢字縦書きで、右から左へ横に進む体裁でした。全国の時刻表をまとめたもので、現在の時刻表の基礎となりました。旅行者に役立つ案内を提供するため、読者からの投稿も求めています。大変好評だったので、各社から似たような月刊時刻表が立て続けに出版されました。その後、十月五日は「時刻表記念日」となり、手塚猛昌は「時刻表の父」と呼ばれるようになりました。

日本最初の時刻表
『汽車汽船旅行案内』
（明治 27 年刊）

今の時刻表の前身『**汽車時間表**』（大正14年刊）

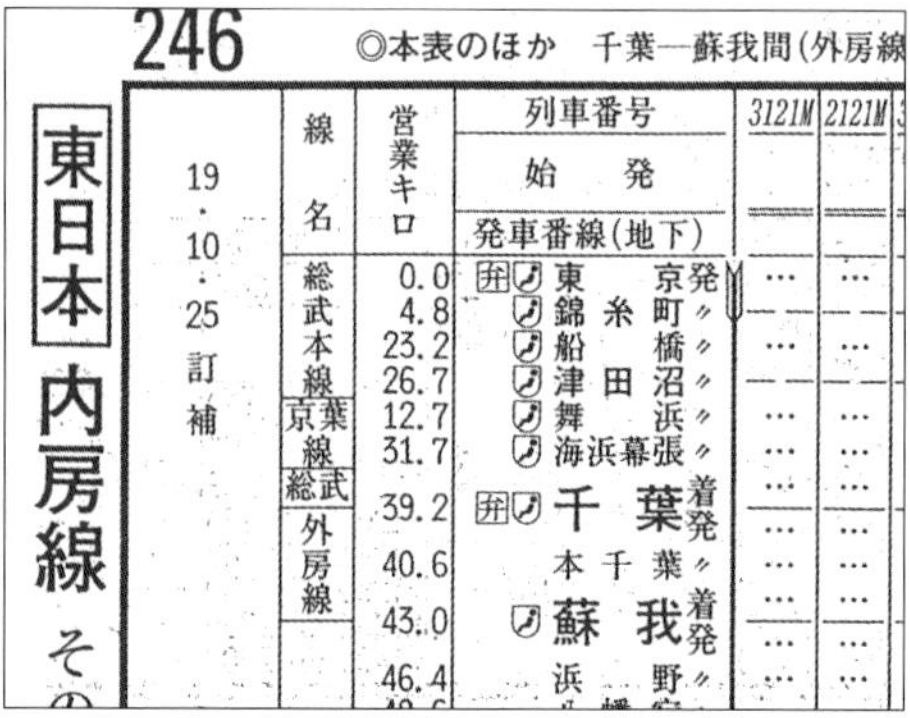
246 ◎本表のほか 千葉—蘇我間（外房線

東日本 内房線 そ

19・10・25 訂補

線名	営業キロ	列車番号 / 始発 / 発車番線（地下）	3121M	2121M
総武本線	0.0	弁 東京発	…	…
	4.8	錦糸町〃	…	…
	23.2	船橋〃	…	…
	26.7	津田沼〃	…	…
京葉線	12.7	舞浜〃	…	…
	31.7	海浜幕張〃	…	…
総武	39.2	弁 千葉着	…	…
		千葉発	…	…
外房線	40.6	本千葉〃	…	…
	43.0	蘇我着	…	…
		蘇我発	…	…
	46.4	浜野〃	…	…

『**JR時刻表**』。弁当販売駅のマークも表示されています。

現在あるような時刻表の前身『汽車時間表』創刊は、大正十四（一九二五）年四月のことです。ＪＴＢの前身「日本旅行文化協会」から発行されました。距離はまだマイルで記されており、時間は一二時間制を採用、外国人旅行者を集めるため（外貨獲得のため）、当時日本の植民地となっていた満州や朝鮮、そしてシベリアの時刻も記載されていました。

時刻表は、旅行者の必携品であり、「汽車時間表」には、発着時刻や運賃などだけでなく、さまざまな情報が掲載されていました。例えば、辨當販売駅、電報の打てる駅、洗面所設置駅、赤帽のいる駅、周辺の名所旧跡も載っていました。電話もほとんど普及していない時代、電報は重要で一般的な通信手段でした。洗面所は、蒸気機関車の煤で汚れた顔を洗ったり、長旅の疲れを取るためのリフレッシュの洗面に必要なものでした。「赤帽」とは、今はもういませんが、旅客の荷物等を鉄道駅構内から待合室や車等に運ぶ職業の人を指します。赤い帽子をかぶっていたので「赤帽」と呼ばれていました。「辨當販売駅」については、欄外に（特殊辨當を除く）の記載があり、時代を感じます。

この時刻表は、一九八七年の国鉄民営化以前は公認の「国鉄監修・交通公社の時刻表」として、すべての駅に置かれていました。現在は『JR時刻表』（交通新聞社）が公式時刻表となっています。「国鉄監修・交通公社の時刻表」には、「弁当販売駅」のマーク表示だけでなく、欄外に「さけ弁当五〇〇円」「まいたけ釜飯五〇〇円」（一九八二年当時の値段）など、その路線の駅で買える「駅弁」の種類や値段まで記載されていました。駅弁販売マークは、現在まで引き続き掲載されてきましたが、『JR時刻表』では二〇一九年九月号をもって掲載終了となりました。

❸ 駅弁と戦争

「駅弁」が普及する背景には、戦争もありました。

明治時代には、日清戦争（一八九四）、日露戦争（一九〇四）と戦争が続き、鉄道は旅客を運ぶ交通手段から、軍事物資と兵隊を運ぶ輸送手段へと変わっていきました。軍の主要施設は交通の要衝である主要駅近くに置かれ、多くの兵士が戦地に向けて鉄道で出兵していきました。昭和十六（一九四一）年には太平洋戦争がおこります。

軍隊は、演習や戦場に向かう兵士のために「軍弁（軍隊弁当）」を支給しており、その「軍弁」を駅弁業者に発注しました。輸送計画の秘匿のため発注は直前であり、短期日で大量の軍弁調整が求められました。戦争が進む中、食糧不足から食糧統制が加速していきますが、その弁当が出征兵士の最

③戦意高揚の標語

②日の丸と軍時標語「尽忠報国　堅忍持久」の文字から　姫路駅で配られた「軍弁」とわかる

①欲しがりません勝つまでは　昭和十六年鳥取「米吾」

⑤昭和 14 年品川駅で配られた軍弁「祈武運長久」とある

④軍弁（昭和十四年岡山駅）

⑥外食券引き換え駅弁姫路　まねき食品

駅弁と戦争

「戦前〜戦後のレトロ写真」（Twitter　@oldpicture1900）より　多度津駅のお茶付弁当

①②④⑤——提供：上杉剛嗣氏
（「駅弁の小窓」ウェブサイトより）
③⑥——提供：日本鉄道構内営業中央会

後の食事になるかもしれません。武運と無事の帰還を祈りながら、各駅弁業者は知恵を絞り、兵士のためのお弁当を昼夜を問わず作り続けました。

この頃の駅弁の掛紙には、軍の命令により「欲しがりません　勝つまでは」「贅沢は敵だ」「国民精神総動員」などの戦争の士気を高めるための標語が刷り込まれました。昭和十六年に多度津駅で販売された「お茶付辨當」の掛紙には「傷痍軍人に席を譲りませう、英霊に感謝し遺族を護りませう、戦場を偲び自粛自制しませう、お互い節米に協力しませう」という標語が刷り込まれています。戦時下の庶民の生活の緊張感が伝わってきます。

また、戦争末期になって食糧事情がさらに悪化すると、配給のイモを二〜三個入れた「芋弁当」、ニンジンや昆布などを混ぜた「鉄道パン」、うどんや野菜を細かく刻んで入れた「混麺弁当」や「混米弁当」などが作られます。昭和二十年六月一日に「外食券引換制度」が実施され、「旅行者用外食券」がないと、こうした駅弁も買えなくなってしまいました。

昭和二十（一九四五）年八月十五日、太平洋戦争が終わりました。しかし、食糧事情は戦時中より厳しいものでした。駅弁業者は、さまざまな「代用食弁当」を工夫し、「駅弁」の灯を守ります。外地からの引揚者のための供食事業が厚生省から発注され、食券と引き換えに「弁当給食」として駅弁事業が続きます。

❹駅弁と集団就職

戦後の日本は、荒廃した国土と経済の復興に向けて動き出します。戦後の激しいインフレと食糧難のなかでそれは厳しいものでしたが、昭和二十五（一九五〇）年に起こった朝鮮戦争による膨大な特需の発生が、皮肉にも経済復興を後押しします。この特需によって日本経済は立ち直り、実質国民総生産も昭和二十六年度には戦前水準に達しました。工場生産システムが向上し大量生産の時代に入り、高度経済成長期を迎えます。

多くの労働力を必要とするようになり、多くの中卒者や高卒者が「金の卵」と呼ばれ、東北をはじめとする地方から東京や大阪などに集団就職していくようになりました。東北から上野駅まで「集団就職列車」が運行され、昭和三十八（一九六三）年から昭和五十（一九七五）年に終了するまで続きました。

十代半ばで故郷を離れて集団就職する若者たちにとって、車中で食べる「駅弁」は大きな楽しみでした。彼らの空腹を満たすためだけでなく、激励の気持ちも込めて各地の「駅弁」は工夫を重ねました。若くして故郷から離れ、孤独感や郷愁にかられることも多かったでしょう。そうした若い地方出身者たちにとって、「駅弁」は故郷を感じさせるものでした。

❺ 駅弁と災害支援

昭和二十一年設立の駅弁業者の団体「日本鉄道構内営業中央会」があります。その取り組みとして特筆したいものに、災害時の供食業務があります。

日本では、毎年台風などの風水害や地震、火山噴火、津波等さまざまな自然災害が多数発生します。そうした災害時に役立てるように中央会では「災害時等のマニュアル」を作成しています。そこには、緊急災害時の連絡網、災害発生場所に各地最寄りの会員駅弁業者が何時間以内に何個の弁当を供給可能かということが詳細に記されています。

二〇一一年三月の東日本大震災のとき、東北各県の駅弁業者も大きな打撃を受けました。しかし、自らの工場も損壊などの被害を受けているなか、駅弁業者はいち早く地域の被災者のために手元に残った食材で炊き出しを行いました。被害のなかった他の地域の駅弁業者も、協力して食料支援し、避難所に駅弁を寄贈しました。

中央会は、三ヶ月後の六月に福島県郡山市で被災者の方々に全国から持ち寄った名物駅弁二〇〇〇食をふるまいました。三四社から提供された四〇種類の駅弁は、被災者の方々を元気づけました。「ふるさとを思い出す」「一〇年前の旅行を思い出す」「家族旅行で行ったところのお弁当だ」という感激や感謝の言葉が、駅弁を食べた多くの被災者の方々から寄せられました。地域の特色を持った「駅弁」は、被災地の人々に「癒し」も届けました。

こうした災害や事故の際の支援は、決して近年に始まったものではありません。災害で列車運転が不能になった場合や事故のときには、乗車中の旅客や作業員のために駅弁業者が炊き出しを行いました。大事故などで近隣の業者で間に合わない場合は、遠方の業者も協力しました。要請もありましたが、駅弁業者は非常時の炊き出し支援は自らの任務と心得、昼夜を問わず積極的に提供の労をいといません。時間的に余裕がなくパンや牛乳で急場をしのぐこともありましたが、可能な限りお弁当を作りました。

旅客に楽しみとしての駅弁を提供するだけでなく、交通の要所である駅を職場とすることから非常時に社会的役割を果たすことも駅弁業者の責務、という考え方が昔から浸透していたのです。

6　駅弁販売法今昔

東京駅や大阪駅などの巨大ターミナルの駅弁売り場は、大きく華やかで活気にあふれ、駅弁を求める多くの旅客でにぎわっています。日本各地の有名駅弁や人気駅弁に加えて、オリジナル駅弁や期間限定駅弁のほか、店内のライブキッチンで作る「できたて」の駅弁など、多くの種類を取り揃えています。近年では、老舗料亭や有名レストランが作るお弁当も駅弁コーナーに仲間入りしました。車中での軽食としてだけでなくて、お土産として求める人たちも少なくありません。JR東京駅の「駅弁屋祭」は全国の駅弁を二〇〇種類以上取り揃えており、平日の売り上げは約一万食、土曜や日曜・祭日には一万五〇〇〇食を売り上げるそうです。

❶「立ち売り」

こうした様子を見ると、「駅弁」が「立ち売り」という独特の販売法で売られていた、と聞くと驚く人もいるかもしれません。かつては、売り子が帯のついた長方形の盆状の低い箱に駅弁や茶を入れ、首から下げてホーム上を歩いて「べんと〜、べんと〜」と声をかけながらの販売が主流でした。

この「立ち売り」という販売方法の最初は、駅構内における新聞販売でした。明治五（一八七二）年に、イギリス人のジョン・J・ブラックが新聞立ち売りの許可申請をし、認められました。当時、

明治中期の駅ホームでの
駅弁立ち売りの様子
『ビゴー日本素描集』より
（清水勲編，岩波文庫，1986 年）

ジョルジュ・ビゴー（1860〜1927：明治時代に日本に滞在していたフランス人の風刺漫画家）が描いた明治中期の駅のホームでの駅弁立ち売り風景です。立ち売り人の盆状の箱には，折詰弁当とビールと思われるビン瓶入りの飲み物が描かれています。この盆状の箱にも名称があり，大きさや仕様も決まっていました。乗客の一人が窓から土瓶を差し出しており，立ち売り人の足元にも土瓶があります。これは「汽車土瓶」といい，車中で飲むためのお茶です。明治 22（1889）年静岡駅で初めて販売され，保温性の高い土瓶入りで蓋が湯呑みになっていました。空になると，有料ですがお茶を差し替えてくれました。土瓶を差し出している客はお茶の差し替えを求めています。「汽車土瓶」はやがて全国に広がり，時代とともに容器も陶器製，ガラス製，軽くて割れにくいポリ容器へと変わっていきました。今では，手軽に缶入りやペットボトルのお茶が買えるようになり，汽車土瓶はしだいに姿を消していきました。ちょんまげ姿の男性も描かれ，明治時代の駅弁販売の様子を知ることができます。

鉄道の所管官庁は工部省鉄道寮でした。ブラックは、支障なく販売ができるように「立ち売り人に鉄道寮の法被を授与してほしい」と願い出ています。鉄道寮の法被は立ち売り人の身分証明でした。

駅弁の構内販売にも、この立ち売り販売法が採用されました。立ち売り人の服装については、明治二十七（一八九四）年に交付された逓信省鉄道局「停車場内出店営業命令書」に「売子ハ不体裁ナラザル一定ノ印半纏ヲ着用シ且其年齢十六歳以上タルベシ」とあります。文明開化の象徴である鉄道の駅で印半纏《しるしばんてん》（襟・背などに、家号・氏名などを染め出した半纏。江戸後期から、職人などが着用した）を着て駅弁を売るというのは、大変粋な仕事で、若者の憧れの職業の一つだったそうです。

明治四十（一九〇七）年には、全国の鉄道の九〇％が国有となりました。それに伴い、駅弁売りの服装は、紺無地木綿（夏は浅黄納戸色）に背中に駅名を白抜きした法被、黒羅紗の鳥打帽（夏季は白）、足には足袋と麻裏草履、と全国的に統一されます。黒い背広仕立ての詰襟の上着に半ズボンに短靴、緑色の小半帽、というモダンな洋装になったのは、昭和二（一九二七）年のことです。立ち売り販売人の服装の規定がなくなったのは、太平洋戦争後のことです。

旅客は、停車中に列車の窓をあけて立ち売りの売り子を窓近くに呼び、窓越しに駅弁を購入しました。駅弁を買う光景もまた旅の風物詩の一つでした。今は、窓が開閉できない鉄道車両が増え、窓越しの受け渡しはできなくなりました。さらに、列車の高速化による停車時間の短縮、目的地への移動時間の短縮により、こうした光景は見られなくなってしまいました。福岡県のＪＲ鹿児島本線折尾駅や熊本県のＪＲ肥薩線人吉駅など、少数の駅でまだこの立ち売り販売が行われています。

❷「駅弁大会」

時代が変わって「立ち売り」の販売形態は立ちゆかなくなってしまいましたが、代わって駅以外の場所での販売やホームページを利用しての通信販売など、新しい販売方法が開拓されてきました。なかでも、新たな駅弁の興隆をもたらしたのが、デパート、スーパーマーケットなどで全国の有名駅弁を集めて販売するイベント「駅弁大会」です。始まりは昭和二十八（一九五三）年の高島屋大阪店の「有名駅弁即売会」ですが、全国的に有名にしたのは昭和四十一（一九六六）年に京王百貨店新宿店が開催した「第一回元祖有名駅弁と全国うまいもの大会」でした。全国各地のご当地でしか食べられない駅弁が一堂に集うイベントは、当時としては非常に斬新であり大盛況でした。その後、「駅弁大会」は京王百貨店一月の恒例のイベントとして定着します。会場では駅弁調理の実演もあり、設けられた簡単な食事処で食べることもできます。駅弁大会の人気は高く、京王百貨店では大会期間中来店者が二〜三割増加し、二週間の期間中の駅弁売上高はゆうに六億円を超すそうです。

「駅弁大会」は、「駅弁」が旅の移動中に食べる実用的な食事から全国的知名度を持つ名物へと認知されるきっかけとなりました。そして、旅先で買わなくても自宅に居な

デパートの駅弁大会ポスター
提供：日本鉄道構内営業中央会

ＪＲ東京駅の「**駅弁屋祭**」
お弁当箱のディスプレイ

駅弁を求める人々

がらにして好みの「駅弁」を味わうことができるようになったのです。「駅弁」は地域からのメッセージ。故郷をなつかしみ、旅の思い出の追体験やまだ訪れていない地方へ思いを馳せるなど、「駅弁大会」を楽しみにしている人たちが大勢います。

近年では、事前予約して乗車する列車と車両を通知すれば当該列車の車両の乗降口まで出来立ての駅弁を届けてくれるという販売サービスや、低温で配達できる宅配便の登場によりインターネット等による通信販売を行っている業者もあります。「駅弁」の販売法にも時代が反映されています。

「駅弁」には、地域に暮らす人々の郷土愛やアイデアがお弁当箱の中に凝縮されて詰まっています。「駅弁」登場から一三〇余年、現在その種類は三五〇〇～四〇〇〇種類もあるそうです。一九八七年国鉄民営化時における駅弁の種類は約千数百種であったと言われていますから、駅弁人気は衰えるどころか、ますます興隆の傾向にあります。

コラム⑮ 「道中弁当」 江戸時代の旅のお弁当

鉄道が開通する以前の旅のお弁当はどんなものだったのでしょうか。

江戸時代には参勤交代のために街道が整備され、湯治と信仰の旅は認められていたので、庶民も寺社参詣や温泉の旅を楽しめるようになりました。江戸時代後期には、伊勢参りが大ブームになり、最盛期には年間約五〇〇万人もの人々が参詣に出かけました。幕末の日本の人口が約三〇〇〇万人ですから、実に六人に一人が参詣したことになります。

江戸時代の交通手段は徒歩か駕籠、庶民は歩いていきました。家を出るときには、おにぎりを竹の皮に包んだり、竹や柳で編んだかごに入れて布でくるみ、お弁当として腰に下げるか、振り分け荷物として担いで出かけました。当時の旅では男女の違いはありますが、大体一日八時間から一二時間歩くのが普通でした。宿に着いて夕飯にありついたときは、ほっとしたことでしょう。

一般に宿は一泊二食が基準で、昼食は街道沿いの茶屋でとりました。

弥次さん喜多さんも振り分けの弁当をもって。
十返舎一九『**東海道中膝栗毛**』挿絵より

参詣は伊勢神宮だけに限りません。善光寺や熊野大社への参詣もありました。東海道には茶店がたくさんありましたが、熊野街道は山道で険しく昼食をとるところがほとんどありませんでした。熊野街道沿いの旅籠《はたご》や木賃《きちん》宿《やど》（泊まるだけで自炊の非常に廉価な宿で、宿代は自炊用の薪代（木賃）だけだった）では「飯行李《めしごうり》」がよく売れました。なぜなら、熊野街道の旅籠は一泊三食、翌日のお弁当付きでしたので、お弁当箱が必要だったのです。木賃宿に泊まった旅人は夜・朝の自炊だけでなく、翌日の昼用の弁当も作りました。

街道を往来することの多い商人などは「道中弁当箱」

持参でした。道中弁当箱は、外側は竹で編まれた籠ですが、中は鉄製の重ねの容器になっており、ご飯とおかずを分けて入れられます。容器の蓋についているネジを締めると汁も漏れません。外側の籠の左右についた金具に紐を通し、腰につけて持ち歩けるようになっていました。雨風や雪などの天候変化に耐え、何度も使えるよう堅牢なつくりになっています。それでいて、身体に直に触れたり手に持つ部分の外側は感触の優しい竹で編まれた籠になっており、配慮が感じられます。

道中弁当箱（網代外箱入り）
亀山市歴史博物館蔵　坂下民芸館資料

第五章 松花堂

おもてなしのお弁当

友人や家族と待ち合わせての外での食事はとても楽しみなものです。そんなときのおすすめの一つが、日本料理なら「松花堂」です。「松花堂」は蓋つきの四角形の弁当箱に入ったコンパクトな懐石料理。お弁当の手軽さを持ちながら、料理人の技量とセンスがうかがえる御馳走であり、おもてなし料理です。

1 「松花堂」の誕生

「松花堂」は、昭和の初めに一人の料理人によって考案されました。その料理人の名は湯木《ゆき》貞一《ていいち》（一九〇一～九七）、昭和八年、彼が三二歳のときでした。

湯木は神戸の鰻料亭の跡取り息子として生まれ、一六歳で家業を継ぎました。二四歳のとき、松江藩主で江戸時代の代表的茶人である松平不昧《まつだいらふまい》（一七五一〜一八一八）の「茶会記」を読んで感動し、茶懐石を料理に取り入れて料理の品格を高めたいという志を立てます。そして、自身の志向する料理の道に進むべく三〇歳で独立し、大阪でカウンターのみの割烹料理屋「御鯛茶処　吉兆」を開きます。

ある日、湯木は江戸時代の風流人として有名な松花堂昭乗《しょうかどうしょうじょう》（一五八二〜一六三九）の庵跡で開かれた茶会に出向きます。昭乗は、京都と大阪の中間にあった石清水八幡宮滝本坊の住持で、寛永の三筆（近衛信伊・本阿弥光悦・松花堂昭乗）の一人とされ、書画や茶の湯にも優れた教養人でした。晩年は松花堂と名付けた小さな庵で風流三昧の生涯を送りました。

茶会の折、湯木は部屋の片隅に置いてあった四角い箱に目をとめます。これは、昭乗が絵具箱や小物入れ、煙草盆として愛用していた箱で、もともとは農家が種入れとして使っていた松木地盆です。松花堂の庵を持つ寺が、これを「お斎《とき》（法事・法要の後に施主が参列者に振る舞う食事）」の容器として使っていました。湯木は、中が十文字に四つの升に区切られている箱を見て、これを弁当箱仕立てにして点心（懐石の略式のもてなし料理）を入れて出したらどうだろうかと考えました。

2　「松花堂」の工夫

四つの升に区切られているということは、一つの器に違う料理をコンパクトに盛り合わせられるということであり、仕切りがあるということは違う料理を盛り合わせても味移りや色移りしないということです。

しかし、元は種入れですから、そのままでは料理の器としては使い勝手がよくありません。湯木は、料理にとって必要な要件として、味はもちろんのこと、寸法（器に合う、食べる人の口に合う）、分量（盛り付けてバランスが良く、食べる人にとってほど良い量）、色彩（見た目に美しい）、を重要視していました。この三つを十分考慮しながら、弁当箱としての工夫を重ねていきます。

最初に、松木地盆の辺の寸法を縮め、高さを高くし、被せ蓋をつけて明るい春慶塗としました。そうすると、ほどよい分量の料理をすっきりと盛りやすくなり、蓋をつけたことで乾燥や埃を防ぐことができるようになりました。運ぶのにも都合がよくなりました。後に黒の漆塗りにしたところ、食材の色がより美しく際立つようになりました。

そして、湯木が考案した容器としての最大の工夫は、それぞれの升の中に小さな器を入れたことです。器を入れることによって、汁がこぼれる心配がなくなったので焚合《たきあわせ》（食材個々の味わいを生かした煮物）などの汁気を含んだ柔らかい料理を入れることができるようになり、同じ容器の中に温かいもの、冷たいもの、汁気のもの、とそれぞれの料理を盛り込むことができるようになったのです。温かい御飯を盛り込むために小さな蒸籠《せいろ》も升の寸法に合わせて作りました。

湯木が「松花堂」を考案したころは、茶の湯のあり方が大きく変わ

湯木貞一
提供：湯木美術館

松花堂弁当（京都吉兆　松花堂店）
提供：京都吉兆

ってきた時期でもありました。昭和十一（一九三六）年は秀吉の北野大茶湯から三五〇年の記念の年で、十一月八日から五日間にわたって「昭和北野大茶湯」が開かれました。当時の『京都日出新聞』によると、全国から二千数百人が参加した大茶会で、大盛況でした。その後、次第にこうした大寄せの茶会が広く開かれるようになり、同じ会場で一日に何十人、何百人という大勢の人たちがお茶を楽しむようになります。それに伴って、従来は茶室でふるまわれていた懐石も別の部屋で供されるようになっていきます。

茶席で懐石の点心を「松花堂」に盛り付けて出したところ、大変好評でした。箱に入ったお弁当ですから、配膳も手早くできます。器を入れたことから分業が可能になり、大規模な茶会にも対応がしやすくなりました。多くの茶会や法要での法餐（法事用の仕出し弁当）で使われるようになりました。また、お座敷での料理提供の器としても重宝で、全国の日本料理店で使われるようになり、やがて広く一般にも用いられるようになっていきます。

こうしたさまざまな工夫が、「お弁当とは携行するもの」というこれまでの概念を覆すことになったのです。殊に、仕切られた升の中に器を入れるというのは、それまでの弁当箱の概念を超えた新しい発想でした。器を入れたことで「温かいものは温かく、冷たいものは冷たいまま提供できる」ようになったのは、「お弁当の中には調理済みの冷めた料理が入っている」という認識を覆す画期的なことでした。おもてなしの趣旨や季節などにふさわしい器を選ぶこともできるようになりました。これが、お弁当を「もてなし料理」へと変身させることになります。

湯木は、農家の種入れを道具箱や煙草盆に見立てて愛用した風流人松花堂昭乗に敬意を表し、この弁当箱を「松花堂」と名付けました。

3 「松花堂」と茶道

「松花堂」を「もてなし料理」へと変身させたもう一つの大きな発想は、このお弁当に茶道の精神を盛り込んだことです。湯木は松平不昧の『茶会記』を読んだとき、料理の献立の「あふれんばかりの季節感」に目からウロコが落ちるほど感動します。そうして、茶道に傾倒していくなかで「日本料理は単なる料理ではなく、茶道に基づいた佇まいや侘び寂びの気品を持ったものである」と確信し、感得した茶道の精神を「松花堂」に遺憾なく発揮していきます。

❶ 茶道の歴史

茶道の精神を知るために、茶道の歴史を少し紐解いてみましょう。

喫茶の習慣は、十二世紀に禅僧栄西（臨済宗開祖。一一四一〜一二一五）が留学先の中国（南宋）から茶の種子を持ち帰ったことに始まります。栄西は日本初の茶の専門書『喫茶養生記』を著し、お茶の効能を説きました。最初は薬として服用されていましたが、公家や武士たちの間に広まり、茶の味を飲み分けて勝敗を競うという遊びの要素の強い「闘茶」や、豪華な道具を競い合う「書院茶」へと発展していきます。

この流行は十五世紀後半まで続きましたが、やがて室町幕府第八代将軍足利義政（一四三五〜一四

栄西禅師　京都建仁寺蔵

九〇）の茶の師匠である村田珠光《むらたじゅこう》（一四二二〜一五〇二）が、茶会での賭け事や飲酒を禁止し、亭主と客との精神交流を重視する茶会のあり方を説きました。「わび茶」の始まりです。

「わび茶」は、武野紹鷗《たけのじょうおう》（一五〇二〜一五五五）に受け継がれます。紹鷗は、当時最高の文化人といわれた三条西実隆《さんじょうにしさねたか》（一四五五〜一五二七。正二位内大臣）に古典や和歌について学んだ歌人でもあり、藤原定家らの歌人たちによって体系化された歌道文化と茶道を融合させました。「わび」「さび」という言葉は歌道由来の言葉であり概念です。「わび（侘び）」は不足のなかに充足を見出そうとする意識であり、「さび（寂び）」とは、枯れたもののなかからにじみ出てくるような美しさを指します。

千利休（一五二二〜一五九一）は、茶道に哲学的な思考、美の世界を見極める審美性を加えて簡素な「わび茶道」を大成します。利休は、人々の心の交流を中心とした緊張感のある茶の湯を目指しました。また、独自の美意識によって道具類を創作したり、日常の生活用品を茶の湯の道具に「見立て」て採り入れたりしました。

「見立て」とは、本来は漢詩や和歌の技法からきた文芸用語ですが、「物を本来のあるべき姿ではなく、別の物として見る」という物の見方で、例えば、利休は瓢簞を花入として用いたり、船の出入りのための潜《くぐ》り口《ぐち》を茶室の「躙口《にじりぐち》」に採用したりしました。本来ないものを採り入れることで、新鮮な趣が生み出されます。「見立て」の精神は、茶の湯の革新の原点とも言えるものです。

❷ 茶道の精神

「茶の湯は、第一仏法を以て修行得道する事なり（利休）」と言われ、「茶禅一味」の精神性の高いものです。珠光、紹鷗、利休も禅を学び、得度《とくど》し諱《いみな》（法名）をもらっています。利休の諱は宗易と言います。諱を名乗るのは、村田珠光の養嗣子村《むら》田《た》宗珠《そうしゅ》（生没年不詳）が臨済宗大徳寺の僧から「宗」の一字をもらったことから始まります。その後、「宗」をつけることが茶人の茶名のようになりました。実名でなく諱を茶名として名乗ることは、日常の身分や職業を離れた別の人格として茶の湯での交わりをもつことを意味し、茶会に臨む時間は遁世した在家の禅者として過ごす、という意識をあらわすとされています。禅の修行と茶の湯は、相（すがた）や用（はたらき）は違っても、その求めるべき境地（人間形成の理想）は同じと言われています。

茶の湯の基本精神は「和敬清寂」とされ、茶を共に喫することにより招く側と招かれる側が互いに相手を敬い、思いやりと感謝をもって通い合う人間的な心の交流を最も大切に考えています。茶室は、主客が互いにひとりの人間として向かい合う場所です。茶室に設けられた間口二尺一寸（約六四センチメートル）、高さ約二尺二寸（約六七センチメートル）の小さな出入口である「躙口」では、たとえ身分の高い武士であっても刀を外し、身をかがめて頭を低く垂れなければなりません。ここでは誰もが身分に関係なく平等なのです。

千利休　堺市博物館蔵

「茶湯の交会は、一期一会といひて、たとへは幾度おなじ主客交会するとも今日の会に再び返らざる事を思へば、実に我一世一度の会なり、さるにより、主人は万事に心を配り、聊《いささか》も麁末《そまつ》のなきよう深切実意を尽くし、客にも此会にまた逢ひかたき事を弁へ亭主の趣向、何壱つもおろかならぬを感心し、実意を以て交るへき也」。

この言葉は、井伊直弼《いいなおすけ》（一八一五〜六〇）の著した『茶湯一会集』に出てきます。「人の出会いを一生一度の貴重な機会ととらえ、趣向を凝らし、真心をもってもてなしをせよ」というのです。「一期《いちご》一会《いちえ》」、同じ人とまた会う機会があるとしても今日の出会いは一生一度のもので、二度と繰り返されることはありません。一服の茶のために、招く側は何事もおろそかにしないで、趣向、工夫を凝らして茶室をしつらえ、道具を組み合わせ、心を尽くして点前《てまえ》をします。客人はその思いをくみ取って、ともにその場をつくっていきます。これを「一座建立《いちざこんりゅう》」といいます。一座を成り立たせ、またとない一時を心地良く共有できるよう心配りをし準備する、それが「もてなしの心」とされます。この「一期一会」「一座建立」のもてなしの心が、質素を旨とする茶の湯の場を洗練させていきました。

井伊直弼は幕末の大老を務め、日米修好通商条約を結び開国を強行した人として知られています。また、安政の大獄による粛清、桜田門外の変での暗殺などのイメージが先行しがちですが、実は宗観と号し、江戸時代を代表する茶人の一人でした。

コラム⑯　大名茶人の領主としての顔

●不昧・松平治郷は、一六歳で家督を継ぎ第七代出雲松江藩主となります。その頃の藩は災害が続き、周囲から「滅亡」を囁かれるほど財政破綻していました。治郷は、積極的な農業政策と治水工事を行い、木綿や朝鮮人参など商品価値の高い特産品の栽培で財政再建を試み、厳しい倹約令や年貢の引き上げなどの藩政改革をつうじて財政再建を成功させます。

　不昧として茶道に精進するようになるのは、財政再建後です。茶器の名器蒐集で知られ、『古今名物類従』『瀬戸陶器濫觴』など、茶器に関する多くの著書を残しました。ただ、名器蒐集が高じて再び財政悪化を招いてしまいます。城下でも不昧の影響で茶道が盛んになり、茶器や和菓子の銘品が多く生まれました。「不昧公好み」として今日に伝わっています。茶道を通して地域の芸術文化発展の基礎を築いたとして、今も人々から敬愛されています。居合の達人で武道にも優れ、一方、金魚をこよなく愛し部屋の天井をガラス張りにして金魚を飼い、眺めて楽しんだという意外な一面を示す逸話も残っています。

●宗観・井伊直弼は、第十三代彦根藩主井伊直中の一四男として生まれました。幼少期は彦根藩江戸屋敷の父母のもとで育ちましたが、直中の死後彦根に戻り、一七歳から三二歳までの一五年間を三〇〇俵扶持の部屋住みとして過ごしました。兄弟が多く庶子でもあったので、養子の口もなかったのです。自らを花の咲くことのない埋もれ木にたとえ、「埋木舎《うもれぎのや》」と名づけた城外の屋敷で世捨て人のように暮らしていました。しかし、この間に石州流の茶道に励み茶人として大成します。その他、国学、禅、和歌、兵学、槍術、居合、能楽などにも優れた教養人でありました。

松平治郷（不昧）
松江市月照寺蔵

井伊直弼（宗観）　彦根城博物館蔵

三五歳のとき、兄たちの死去により家督をついで、第十五代彦根藩主となります。直弼がまず行ったのは、前領主の遺産金一五万両の家来や領民への分配でした。それは当時の藩の収入一年分に匹敵する大金でした。藩主として「愛民」と「施し」の心を政治に忘れないためでした。そして、領内を端々まで視察して領民の実態を把握し、困窮する領民を支援しました。領内巡視は九回に及びます。藩校「弘道館」で文武を奨励し、優秀な人材を育て登用します。藩の経営していた湖東焼の生産にも力を注ぎました。

直弼は、仁政の藩主として彦根藩外でも知られ、後に安政の大獄で刑死した吉田松陰（一八三〇～五九）も「憐みのある希代の名君」と日記に書き残しています。彦根では今も名君として敬愛されています。幕府の大老に就任したのは四二歳のときでした。桜田門外の変で亡くなったのは四五歳のときです。

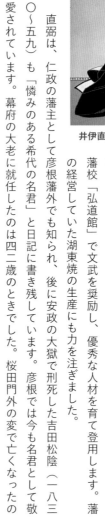

4　「松花堂」と「懐石」

湯木が「松花堂」に盛り込んだのは茶道の精神だけではありません。茶会でふるまわれる料理「懐石」の心得と技を、お弁当に取り入れました。それが、「松花堂」を単なるお弁当から品格ある「もてなし料理」へと変身させました。

❶「懐石」とは

茶会に客を招く亭主は、良い時間を過ごしてもらえるよう心をこめて準備をします。茶事《ちゃじ》（正式の茶会）では、開催の日時、場所、茶室のしつらえ、道具の取り合わせ、ふるまう茶や食事の献立、参会者の名前などを記した「茶会記」が用意され、亭主だけでなく客人にも渡されます。「茶会記」から、その日の茶会の様子がわかるだけでなく、亭主のセンスや心遣いもうかがい知ることができます。湯木が茶道や料理のあり方について目覚めたのも、不昧の「茶会記」を読んだことがきっかけでした。

茶事では、茶を喫する前に軽い食事を出します。空腹のまま刺激の強い茶を飲むことを避けるためで、この食事のことを「懐石」と言います。もともとは修行中の禅僧が寒さや空腹をしのぐ目的で温石を懐中に入れたことに由来します。修行中の禅僧の食事は、午前中に一度だけと決められていましたので、夜になるとお腹が空き体温が下がってきます。そこで温めた石を懐に抱いて飢えや寒さをしのぎました。そこから、茶事で出す食事のことを「空腹をしのぐ程度の軽い食事」という意味で「懐石」と呼ぶようになりました。

利休は、禅の精神を追求し、狭い茶室でも簡単に食べられるよう料理を工夫しました。『松屋会記』（一五三三～一六五〇）という茶会記に、天文一三（一五四四）年二月二十七日に利休が初めて開催した茶会での料理が記されています。そのときの献立は「土筆《つくし》と豆腐の汁、ウドの和え物、クラゲ、麩」の一汁三菜でした。土筆とウドに春を感じます。この頃は、まだ「懐石」と言わず「ふるまい」

と記されています。

「懐石」は「向付《むこうづけ》（膾・酢の物もしくは刺身）」「煮物」「焼き物」「汁物」の一汁三菜を基本とし、「旬の食材を使う」「素材の持ち味を活かす」「心配りを持っておもてなしをする」という三大原則にのっとっています。四季折々の旬の食材で献立を作り、海・山・里の幸を重複しないように組み合わせます。調理に当たっては、食材の色や香り、味を最大限に生かすよう心がけ、食べにくいものには隠し包丁を入れ、骨の多いものはしっかりと取り除きます。料理を盛り付ける器の取り合わせや組み合わせにも心を配ります。

利休の歌に「ふるまいはこまめの汁にえびなます　亭主給仕をすればすむなり」とあるように、亭主自らが頃合いを見計らって一品一品を順に茶席に運んで供します。これは、温かい料理は温かく冷たい料理は冷たいまま美味しく召し上がっていただくためです。それぞれの料理を味わっていただくために、量は少なめに調えられます。

❷「懐石」と「趣向」

茶会には、全体を貫くテーマ「趣向」があります。「趣向」とは、味わいやおもしろみが出るように工夫することであり、客人に向けた亭主からのメッセージとも言えます。亭主は季節や客人に応じて「趣向」を凝らし、会のスタイルや場所、料理、道具などを選びます。茶室の掛軸や花入、茶花などのしつらえ、道具の組み合わせなど、それぞれの持つ格や季節を考えながら調えていきます。そこに亭主の教養やセンスが表れます。茶事には「拝見」という客が掛け軸や道具などを見せてもらうことを所望する習わしがありますが、それは亭主が選んだ道具などから亭主の思い入れや「趣向」を感じとろうとするものです。主客間で交わされる会話が茶会にいっそうの興をそえます。

「懐石」にも「趣向」が取り入れられています。季節感や祝意などを、食材や器にメッセージとして込めるのです。料理の取り合わせや盛り方だけでなく、器にも種類や文様を選ぶことによってメッセージをこめることができます。味付けが大事なことはもちろんですが、視覚を通して料理がさらに魅力的なものになります。

主客の一体感をつくりあげるのに飲食はとても重要です。「松花堂」は配膳しやすく工夫されたお弁当ですが、容器の四つの升に盛られているのは「向付」「煮物」「焼き物」「飯」のまさに「懐石」の三菜と飯、これに汁椀を添えると「一汁三菜」です。升の中に入れた器は、料理の「趣向」に合わせてふさわしいものを選ぶことができます。四角いお弁当箱の中に、こうして茶道の精神と懐石の心得をもりこむことで、「松花堂」はもてなし膳になりました。茶人湯木貞一だからこそ考案された「おもてなしのお弁当」です。

5 「松花堂」考案者、湯木貞一

❶料理人 湯木貞一

湯木は三〇歳で料理人として独立しました。最初に大阪で開店した割烹料理屋「御鯛茶処 吉兆」は一〇人も入れば窮屈に感じるほどの規模でしたが、開店当日の客は誰もいなかったそうです。店には茶釜が備えてあり、食後にお茶を点《た》ててもてなしました。やがて、茶道精神に根差し新たな工夫を加えた料理が評判を呼び、店は文化人たちのサロンのようになり、高級料亭「吉兆」に発展していきます。

三六歳のとき、茶道を表千家一三代即中斎宗匠の弟子となって本格的に習い始めます。それが縁となって松永耳庵《まつながじあん》（一八七五〜一九七一、電力王と呼ばれた実業家。古美術の収集家として知られる茶人）、小林逸翁《こばやしいつおう》（一八七三〜一九五七、阪急東宝グループの創業者。実業界屈指の美術収集家として知られる茶人）といった数寄者の財界人や北大路魯山人《きたおおじろさんじん》（一八八三〜一九五九、書道家・陶芸家・美食家など多様な顔を持つ芸術家）ら文化人との交流が始まり、ますます日本料理の趣向の工夫や創作に励むようになります。湯木はまた、重要文化財級の優れた茶道具や美術品を財を惜しまず蒐集し、集めた高価な道具を惜しげもなく料理の器として使いました。

「工夫して心くだくる思いには花鳥風月みな料理なり」、これは湯木の料理人としての生涯を貫く信条です。湯木がもっとも大切にしたのは「季節感」です。若き日に不昧の「茶会記」を読み、「日本料理には「旬」がある」と感じてからは、季節を意識して料理するようになりました。

湯木は六〇歳のとき、「世界乃名物日本料理」の言葉を考えつき、「茶道に基づいた佇まいや侘び寂びの気品を持った日本料理は誇りうる「世界之名物」である」という気概を持ち、世界の人々に味わってもらえる料理を目指します。伝統を守るだけでなく、アスパラガスやフォアグラやキャビアといった新たな素材も積極的に取り入れ、独創的な料理を次々につくりだしていきました。西洋料理にも関心を持ち、渡欧経験も数回に及びます。湯木が西洋料理から学んだだけでなく、フランス料理界の大御所であるポール・ボキューズ（Paul Bocuse　一九二六〜二〇一八）も来日のたびに吉兆に通い、ヌーベル・キュイジーヌ（nouvelle cuisine　新しい料理）は、その影響で生まれたといいます。

湯木は一九七九年、一九八六年、一九九三年の三回の東京サミット（先進国首脳会議）で、午餐会の食事を担当し、食文化が異なる各国の首脳にも喜んでもらえる日本料理の献立に苦心しました。このとき、湯木は「世界乃名物日本料理」という悲願の一端を示せたと思い、感慨深かったと言います。そして、八七歳のときには料理界で初めて文化功労者の顕彰を受けました。

❷「松花堂」への思い

日本料理界の巨星と言われるようになった湯木ですが、一方で「食の基本と最高の料理は家庭にある」との信念を持っていました。家庭向け総合生活雑誌『暮しの手帖』に「吉兆つれづればなし」を約二〇年にわたって連載し、高級料亭「吉兆」の手のうちを惜しみなく披露しました。「家庭の毎日のおかずが少しでもおいしくなるように」と、季節の素材の生かし方、料理の構成のしかた、そして料理が単に味と舌触りでできているのではなく、それを楽しむ空気・雰囲気の力、器の選び方・運び方などの細やかな心遣いからも味わいを感じるものであることを、読者に伝え続けました。

「吉兆つれづればなし」で、湯木はお弁当についてこう語っています。新幹線などの車内でお昼時に手作り弁当を食べている人を見かけるとき、「ご家族はどんな方だろうか」と思われて本当にいい風景だと感じるそうです。そして、お弁当をつくるならば、小ぶりの三重の折箱に下段は手むすび、中段におかず、上段に果物を入れることを提案しています。下段に入れるおむすびは、ご飯を熱いう

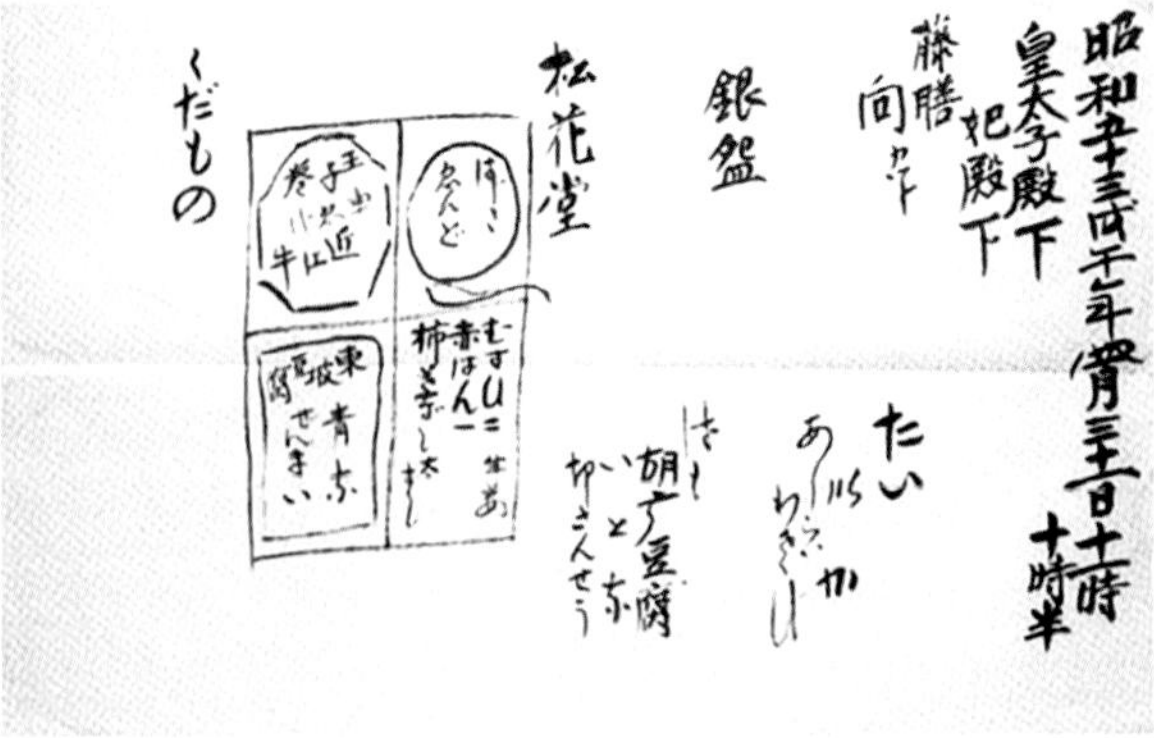

皇太子夫妻への松花堂弁当の献立スケッチ（昭和 53 年 4 月 23 日）
湯木は最高のおもてなしが必要とされる場面でも「松花堂」を用意しました。湯木の残した献立帳には，松花堂の献立の多くのスケッチが残っています。（京都吉兆ウェブサイト「松花堂弁当ものがたり」より）
提供：湯木美術館

ちに手でむすんだおにぎりが一番心がこもっていておいしく、海苔は時間がたつとクシャクシャになるので白ゴマを一面にまぶすことをすすめています。ゴマは炒ってから、軽く擂《す》るか包丁でちょんちょんと切っておくと年配の人でも入れ歯にはさまらなくてすむ、という心配りも示されています。中段はお煮しめで、その具は高野豆腐、椎茸、天ぷら、ゴボウ、干し湯葉など。高野豆腐は一年中あり手軽に手に入る便利なものです。煮方と味付けの指南が丁寧に書かれています。あと一品はお弁当を持って行く人の好みのものを入れ、上段の果物は、皮をむいて食べやすくして入れる、そうすると「心のこもったお弁当」になるとあります。

昭和五十三（一九七八）年、湯木は、当時の皇太子御夫妻の行幸時の昼食膳の依頼を受けました。このとき、お出ししたのは「松花堂」でした。「茶懐石の趣向を生かした「松花堂」は立派なおもてなし膳である」という自信と誇りを持っていたのです。

貴人、客人へのおもてなし膳としてだけでなく、湯木は「松花堂」を一般の家庭でも取り入れてほしいと思っていました。「松花堂にもりつけるとちょっとしたものでもおいしそうにまとまり御馳走に見えるだけでなく、食べるときにも、あれを食べ、これを食べと、何とも言えない楽しさがでるので、ぜひ家庭でも持ってほしい」と語っています。

湯木が大切にしたのは「心を込める」ことでした。昭和六十（一九八五）年四月、吉兆に表千家より大徳寺での法要のための法餐の注文がありました。毎日二千ずつ、三日間で六千という大量の注文です。三日分を一度に煮炊きして準備すればいいだろう、と思いがちですが、お弁当は手軽さから一日持ち歩く場合もあり、その日に作ったものであることが絶対条件です。湯木は「絶対に良かったとよろこんでいただける料理に仕上げねばならぬ」と調理場に張り紙し、店の者の士気を高めながら「心をこめて」お弁当を作り続けました。その気持ちは、家族のためのお弁当作りと同じです。

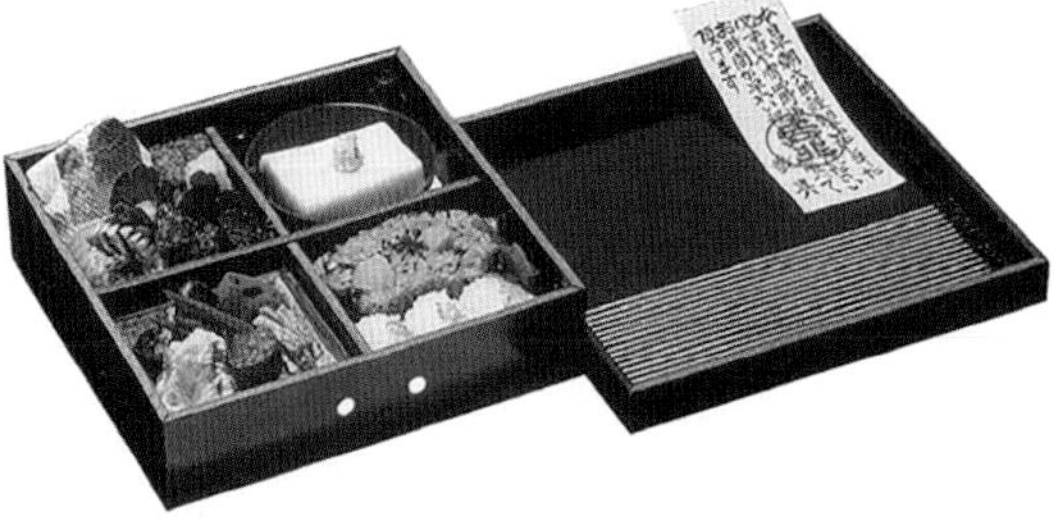

東大寺大仏殿 昭和大修理の落慶法要の際の法餐（お弁当）
昭和 55 年 10 月，法要は 5 日間におよび，特に初日には 1300 個の法餐が必要でした。湯木は「松花堂」の容器を発砲スチロールで作り，無事にその役割を果たしました。分業が可能で，蓋があることで持ち運びも容易という松花堂の容器の利点が生かされました。（京都吉兆ウェブサイト「松花堂弁当ものがたり」より）
提供：湯木美術館

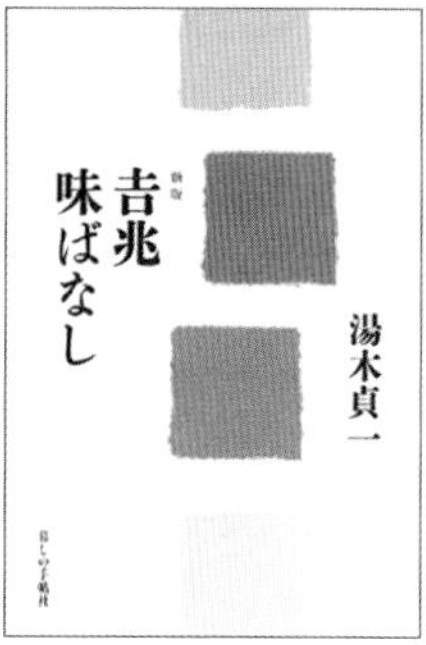

『暮しの手帖』連載の「吉兆つれづればなし」をまとめた本。連載は，当時の同誌編集長・花森安治の「これだけの見事な才能と見識を一部の人たちだけのものにしておくのは勿体ない」という思いから始まりました。一人称のやさしい語り口で書かれており，湯木が料亭で出す料理と同様に家庭料理を大切にしていたことが伝わってきます。1982 年に単行本として出されて以来再版を重ねています。

「湯木貞一」という一人の料理人の発想と工夫、そして「日本人の食生活は茶道を通じて芸術にもつながっている」と言うほど深く傾倒した茶道精神が、「松花堂」を単なるお弁当から「おもてなしの料理」へと昇華させました。湯木の茶道精神に基づく平等の考え方は、料亭料理だけでなく家族のためにに作るお弁当への心配りにも表れています。

第六章　食の思想とお弁当

日本の食文化としての「お弁当文化」の歴史をたどってみると、その底流に「敬虔な信仰心」、つまり「目に見えない力である〝神〟への畏敬と感謝」があることに気づきます。日本では自然界のあらゆるところに神が存在し、畏敬する対象でありながらも身近で親しいものであることが特徴です。また、「食とは命を頂くこと」という考えや、「食を人間としての生き方と重ね合わせて考える」という思想が浸透しており、それらがさまざまな食文化を形成し、お弁当文化にも反映されています。

1　神への畏敬と感謝から

古来、人々の生活は狩猟や漁撈、農耕などによって営まれてきました。しかし、それらは天候不順や自然災害など人間の力のおよばない自然現象に大きく影響されます。「人間のおよばない力」を人々は「神」と見なし、不作や不漁・不猟を神の怒りと捉えました。神は畏れる対象であるとともに、日常の生活の平穏を加護してくれる存在でもありました。

人々は神への祈りと感謝を忘れませんでした。

❶「神饌」――思いを伝えるために美しく盛る

不作や不漁・不猟は死活問題です。人々は神にご馳走し、もてなして、感謝の気持ちを示し加護を祈りました。「神饌《しんせん》」は神をもてなすためにお供えするご馳走です。その年の収穫物や人々が特別な恩恵を享受した食物や珍しい食物などをお供えしました。

思いを伝えるためには、神様に気づいて召し上がっていただかねばなりません。そこで目立つように美しく高く盛り上げました。

明治八（一八七五）年に「官国幣社以下神社祭式」が定められ、明治四十（一九〇七）年には細則である「神社行事作法」が制定されました。これに伴って神饌に使用される食材の内容は統一されましたが、古来の伝統様式を継承している特殊神饌もあります。

奈良県桜井市多武峰にある談山神社《だんざんじんじゃ》の嘉吉祭に供される神饌「百味の御食《ひゃくみのおんじき》」もその一つです。嘉吉祭は奈良県無形民俗文化財に指定されている室町時代から続く古い祭りです。「百味の御食」のうちの「米御供」である「和稲《にぎしね》」は、赤、黄、緑（または青）に染色した米と白米を模様を描きながら円筒形に高く盛り上げた精巧かつ優美なものです。「和稲」は一塔に約二四〇〇粒の米が使われており、四台作るのに百時間以上もかかるそうです。「荒稲《あらしね》」は、刈り取った白・黒・褐色の三種類の籾のついたままの稲穂のひげを高く上向きに組んで作り、頭部には真っ赤なほおづきを飾ります。果実や野菜も高盛にして供えられます。お供えを高盛にするのは、収穫への感謝の気持ちを神に届けるためと考えられています。

　談山神社は標高約五五〇メートルの高所に立地し、古くは「鬼も住まない処」と云われるほど辺境の地だったそうです。「荒稲」に使われる芒《ぼう》（毛先）の長い稲は、多武峰の水の乏しい条件のよくないアルカリ土壌でも強健に育ち、長い芒が食べにくいため山中でも猪の被害をあまり受けることがなかったそうです。この地に住む里人にとって米は本当に貴重なものでした。丁寧に盛り上げられた神饌の美しい造形に、神への感謝と豊作への祈りの深さが感じられます。

談山神社嘉吉祭　特殊神饌「**和稲**」

談山神社嘉吉祭　特殊神饌「**荒稲**」
上下ともに 提供：野本暉房氏

　実は、こうした「神饌」の盛り方が日本の食文化の盛り付けの原点になっていると考えられます。古代における料理様式については、史料が不十分なため、その内実を知ることはできませんが、現在知りうる最も古い料理は、平安時代の貴族の饗宴「大饗」で出された料理です。十二世紀の故実書『類聚雑要抄《るいじゅうぞうようしょう》』に「大饗料理」の盛り付けを見ることができ

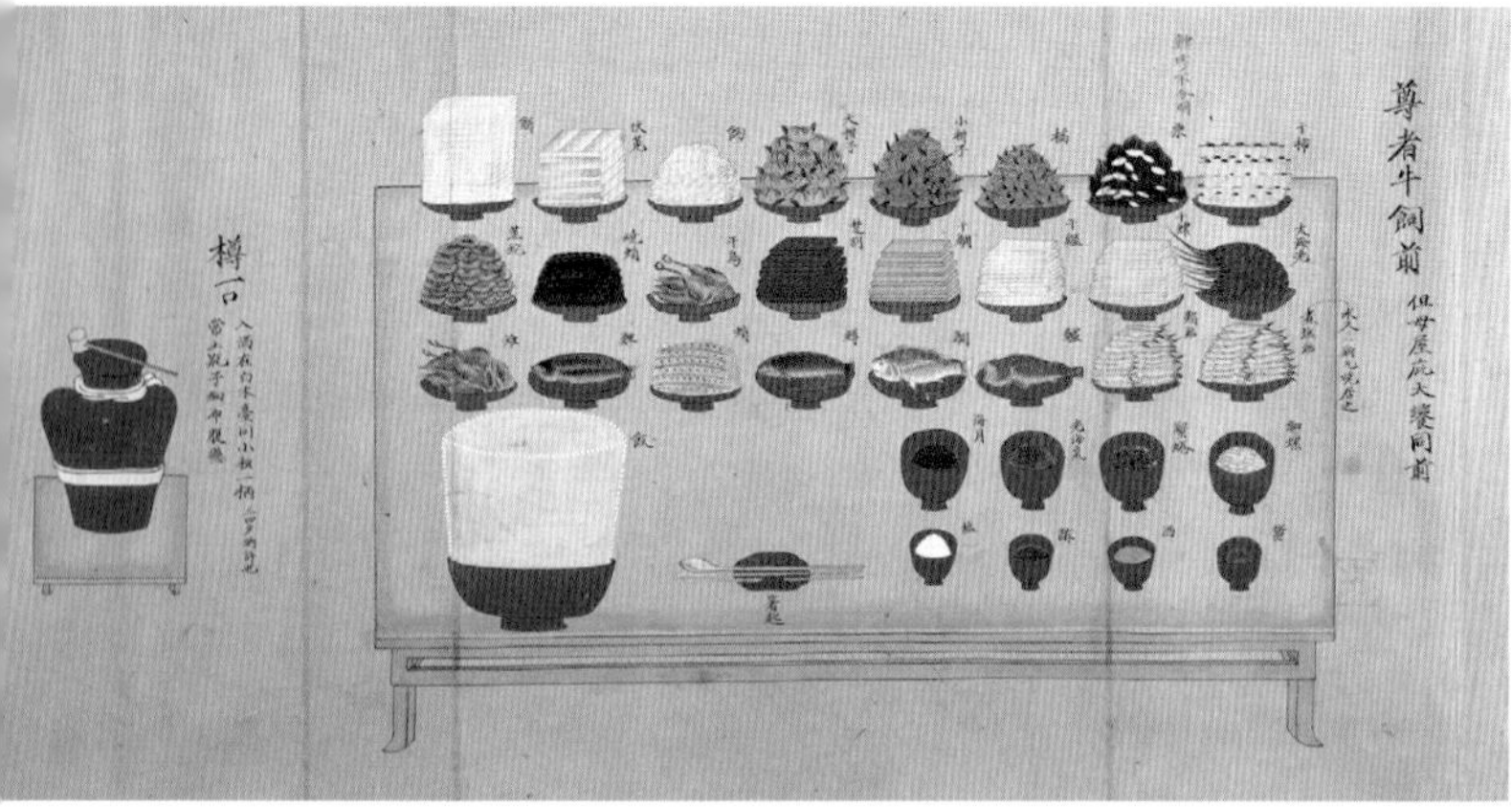

藤原忠通任大臣大饗献立　『**類聚雑要抄**　巻１　尊者牛飼前』　東京国立博物館蔵
Image: TNM Image Archives

『**伴大納言絵詞**』下巻
国立国会図書館蔵

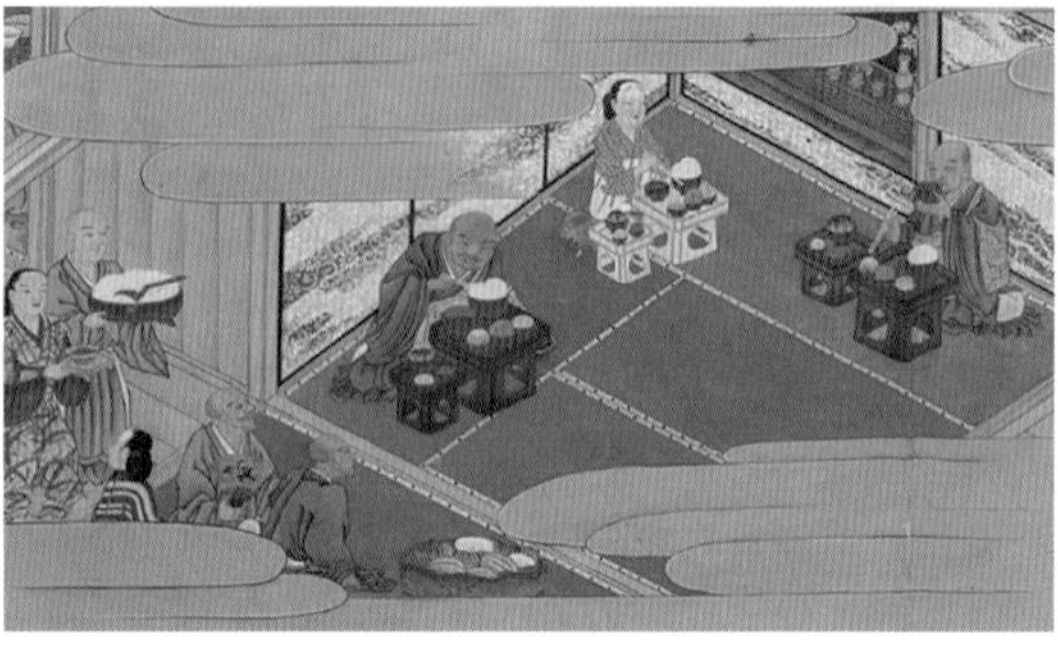

僧院での食事
『**酒飯論絵巻**』
Galica より

ます。料理の多くが、一つの器に一種ずつ高くこんもりと盛り上げられています。これは「立盛《たてもり》」と言い、食材の切り口の美しさを見せながら重ねあげていくのが特徴です。富の象徴である飯は特に目立つように、大きく高い「高盛」になっています。

今でも、ご飯を器に盛ることを「よそう」といいますが、それは「装う・よそおう」からきています。これらは、「神饌」の様式を継承したもので、意識的に美しく見せるように盛っているのです。「大饗」で出された料理は、饗応や儀式のためのもので権力や富の誇示を意識したショー的な意味合いもあり、目に見える要素を重視しています。しかし、目に見える要素の重視は、貴族の日常の食膳や禅宗の僧院での精進料理でも同じでした。立盛や高盛で料理や飯が供されているのを、十二世紀に描かれた「伴大納言絵詞」や十六世紀の「酒飯論絵巻」などの資料から知ることができます。

この盛り付けは、その後の「本膳料理」にも受け継がれていきます。室町時代に武家の礼法から生まれた本膳料理は、儀礼的性格の強いもので、多くの膳を出すことでもてなしの気持ちを表します。膳の多くは「見せる」「見る」料理であり、飯や菜を高く盛り上げた「高盛」「立盛」や「飾り盛」で供しました。本膳料理は、饗応のための正式料理として江戸時代に内容・形式とも大きく発達します。

江戸時代の正式の饗応の最も盛大なものは朝鮮通信使の接待でした。朝鮮通信使とは、室町時代から江戸時代にかけて李氏朝鮮から日本に信《よしみ》を通わすための使者として派遣された外交使節団で、江戸時代には一六〇七年から一八一一年にかけて一二回来日しました。表向きは将軍代替わりの祝賀のための国使ということになっていましたが、秀吉によって断絶された朝鮮との国交を回復し、両国間の平和を維持するという重要な役割を担っていました。幕府はこの使節団を「貢物を献上する」という

『朝鮮人御饗応七五三膳部図』
饗応のために「高盛」「立盛」「飾盛」された料理
名古屋市蓬左文庫所蔵

意味を含む「来聘使《らいへいし》」とみなし、将軍の権威の誇示に利用しました。

通信使の一行は約三三〇〜五〇〇名、旗手、銃手、医師、料理人、馬術師、馬の世話係、贈物係、旅行用品係、画家、水夫なども含まれ、楽隊が演奏しながら進むという賑やかなものでした。通信使と江戸幕府との仲介は対馬藩が担当していましたので、さらに対馬藩から案内や警護で約八〇〇人が同行しました。通信使の接待は非常に盛大なもので、幕府が使った接待費用は毎回百万両にも上りました。これは、幕府の年間予算をはるかに超えるものでした。江戸に向かう街道沿いの諸大名が、道路や橋の整備、警護、宿泊施設や饗応などを担当しましたが、経済的負担が大きく大変気を遣う重要な任務でした。

沿道の小倉藩主小笠原忠固《おがさわらただかた》（一七七〇〜一八四三）が朝鮮通信使接待の教本として作成した『朝鮮人御饗応七五三膳部図』（一八一〇）が残っています。図を見ると、「高盛」「立盛」された料理の盛り付けは「大饗料理」とほぼ同じです。街道沿いの下関や彦根などで、この饗応料理の再現が試みられていますが、食材を薄い花びら型に切って一枚ずつ美しく高く積み重ねていく「立盛」は、今でも繊細な包丁技術と根気の要る大変難しい技術だそうです。

目に見える要素の重視が延々と受け継がれています。

「幕の内弁当」は、この本膳料理の流れを汲むものです。主となる白飯は最も多く目立つように詰められ、少量ずつながら多種多様な菜が詰め合わされています。まさにコンパクトにまとまった本膳料理です。形式的で膳の数にこだわった本膳料理をもっと実質的な料理へと簡素化したのが「懐石」です。そして、この「懐石」を弁当に応用したのが「松花堂」です。「懐石」は食べきれる量を基本とし、季節感を盛り込むことを重視しています。そして、食べる人に「楽しんでもらいたい」との思いから「趣向」を大切にしています。「趣向」を今に表現しているのが「キャラ弁」でしょう。

日本の食における美意識の根源には、「見せる」「見てもらいたい」「楽しんでもらいたい」という気持ちがあります。それは、神をもてなした「神饌」から続くものです。お弁当も、多分に見られることを意識し、「喜んでもらいたい」「楽しんでもらいたい」と工夫して美しく詰め合わせられています。

❷「直会」——絆を深めるための共食

「神饌」は、神に召し上がっていただいた後、お供えしたものを下げて皆でいただきます。神が召し上がったのと同じものを共にいただくことによって神と一体化し、神の霊力を分けてもらうことができる、とされてきました。こうした神との共食を「直会《なおらい》」と言います。語源について、本居宣長（一七三〇〜一八〇五。国文学者）は『続紀歴朝詔詞』で「直るとは斎《ものいみ》をゆるべて、平常に復る意也」と述べています。祭祀に際しては神との交流をはかるために、心身を清浄に保ち穢《けが》れに触れぬよう種々の潔斎に努めることが求められますが、「直会」によってその斎戒を解いて平常に戻るのです。

この「直会」が、宴会のルーツと言われています。本来の「直会」は神との共食ですが、こうした「共食」の文化は広く一般に行き渡っています。祭りや行事の打ち上げの会食、慶事や仏事の会食、激励のための会食等の多くの「共食」の機会は、仲間との親睦を深め、日頃のつきあいに感謝し、今後のよりよい交際の継続発展を願うものです。

どこへでも持っていける携行性、手軽に食べることができる簡便性から、そうした共食の多くの場面において大切な役割を務めているのが「お弁当」です。人と人の共食だけでなく、「花見弁当」は季節や花との共食、「行楽弁当」は景色や自然との共食、「観劇弁当」は芝居との共食、と言えるでしょう。一人で食べるときは、作ってくれた人の思いとの共食です。食を共にすることで気持ちがつながり、互いの絆が深まっていきます。

2　命への畏敬——「包丁式」

「盛り付け」の美しさは優れた包丁技術あってのものですが、日本の調理では「切る」ことを重要視しています。「切る」ことは単に技術ではなく、生物の命を食べ物に変えるための神聖な過程と考えられてきました。それを知る一つの例として「包丁式」が挙げられます。

「包丁式」とは、烏帽子・狩衣姿に威儀を正し、庖丁と真魚箸《まなばし》のみを用いて、真魚板《まないた》の上で鳥・鯉・鯛などの食材に一切手を触れることなく切り分ける技を披露する儀式のことです。九世紀後半、清和天皇（八五〇～八八一）の命により四條中納言藤原山蔭（八二四～八八八）によって食を式（一定の法則）によってあらわす式包丁の次第と包丁式の儀式が定められ、光孝天皇（八三〇～八八七）によって宮中行事に取り入れられました。今でも「四条流」「生間流」「大草流」などの流派が受け継がれており、神社の奉納儀式などで包丁式を見ることができます。

包丁人は、自身の六根清浄（感覚と意識を清らかに保つこと）を念じ、天下泰平、五穀豊穣を祈願しつつ、庖丁の錆になるすべての料理材料の生命に捧げる感謝の意を、一刀一礼の作法に則って料理します。清和四條流の包丁道の秘伝書『四條流秘伝抄』には「古来より庖丁人は貴顕高位の方、殿上人の是を学びたるなり。料理否食物を司る事は、直接間接に生命を司るの業にして、内に省み謹厳の態度を以て細心留意し事に当たるべきなり。俎に向ふにもその理法を心得、俎上の所作を弁へその理法に従ひ形、配置、配色の理法を知る要なからんや」とあります。

十六世紀に来日した宣教師ジョアン・ロドリーゲス（一五六一～一六三三）は、著書『日本教会史』で日本の貴人（支配者層）がたしなむべき教養として重んじられる十の能（実用的な技）のうち、弓術、蹴鞠に次いで包丁で食べ物を切り分けることを三番目にあげています。

包丁式の様子　『頭書増補訓蒙図彙大成』21巻（1789年）　国立国会図書館蔵

包丁式が貴族社会で盛んに行われるようになった理由には、中国思想を取り込んだ工夫がありました。俎《そ》（まないた）にはもともと供物を載せる台の意味がありましたが、やがて包丁式に中国の陰陽五行説が取り入れられ、真魚板の四隅は「宴酔」「朝拝」「五行」「四徳」、中央は「式」と名付

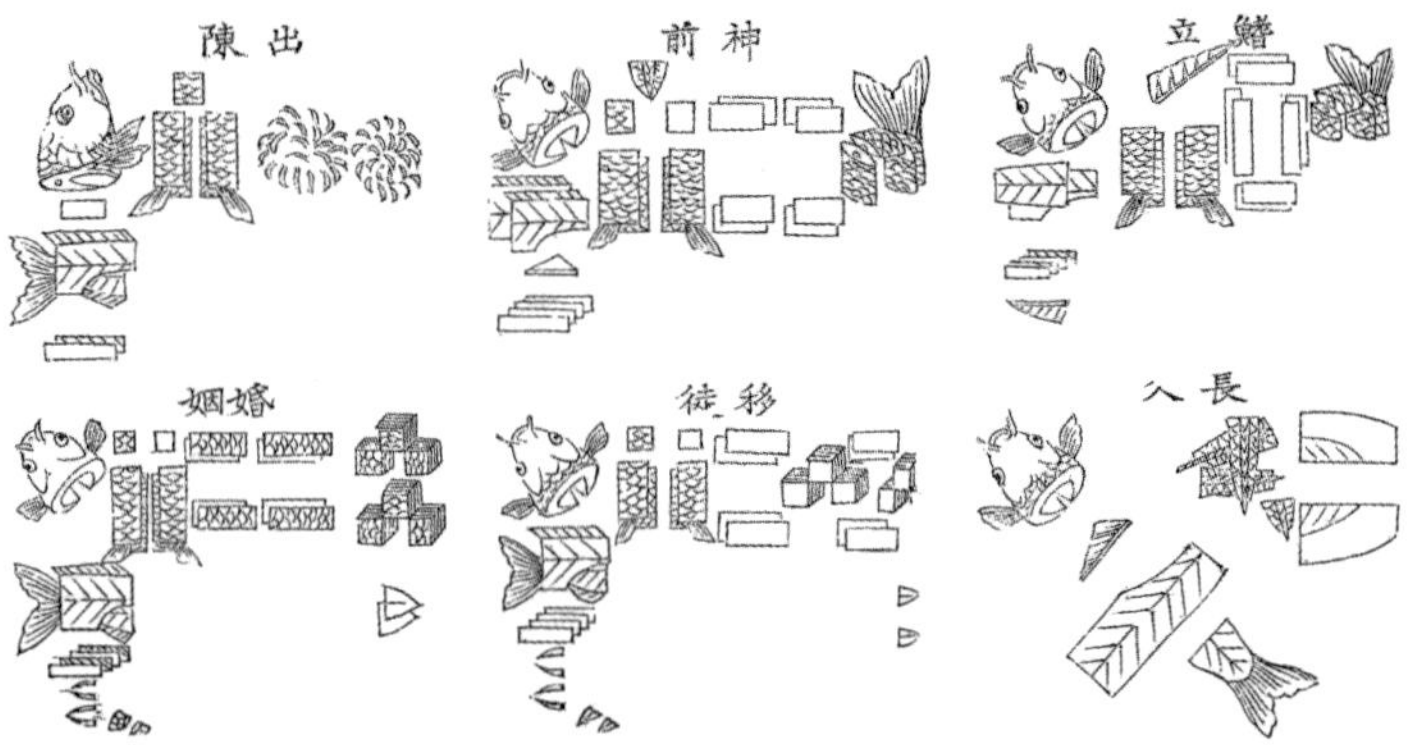

四條流鯉切汰図　鯉の「切形」のいろいろ（石井治兵衛『日本料理法大全』博文館, 1898 年より。参考：稲葉敏明氏「庖丁式が作られた理由」）

けられ食物を加護する神が宿るとされました。真魚板に向かう心得や作法が重視され、貴族の大切な教養とされたのです。

また、「切る」ことが重視された実際的な背景には、平安時代の饗宴の食材が地方からの献上品に依存していたことがあります。それらは、長い道中を運ばれてくるため、干物や塩蔵品がほとんどでした。そうした事情から、新鮮な鳥や魚を新鮮なうちに食することが最高の贅沢であり、それを主人自らが調理することが最高のもてなしとされました。

包丁式で披露される切り方には、現在行われている切り方のすべてが含まれていると言います。また、切り分けた素材を真魚板の上に並べる「切形《きりかた》」は慶賀や武運祈願などに応じて四〇種以上もあります。例えば鯉ならば「竜門の鯉」「長久の鯉」「出陣の鯉」「花見の鯉」、鶴には「式鶴」「千年鶴」「舞鶴」などの名がついています。

こうした「切形」に名称をつけることは、鯉や鶴を単なる食材として見るのではなく、命として尊重した再生のための新たな意味づけと見ることができます。「切形」は盛り付けのルーツの一つでもあります。

江戸時代に出版された加賀藩料理方四條流包丁人舟木伝内による

料理の口伝を編集した『料理無言抄』（一七一九）には「式に規《おもむ》き魚鳥を切る事を包丁と云。（中略）河南舞之包丁と云有。四條大納言、音樂之内、調子に合て切たまひし包丁なり。今は名のみのこりて其傳なし。大和言葉に切事をハヤスと云も樂のハヤス心にて謂也」との記述があり、藤原山蔭は曲に合わせて舞うように包丁能を披露したとあります。包丁式の原初の形には単に調理の技としてだけではなく、「もてなし」として見せる芸能の要素がありました。これは「神楽」の流れをくむものと考えられます。

実は、こうした包丁式の芸能性は現代にも受け継がれています。

一九六〇年代に、アメリカンドリームの実現者として話題になった日本人にロッキー青木（一九三八～二〇〇八）がいます。彼はアメリカで「ベニハナ」という焼肉レストランで成功をおさめ、一躍立志伝中の人物になりました。アメリカ人の食のメインであるステーキに注目し、客の見ている前でアクロバティックな包丁技で肉や野菜を調理するというパフォーマンスを取り入れて大評判となりました。厨房で調理して完成した料理が出てくる、というそれまでの常識を覆したのです。このパフォーマンスがエンターテイメント好きのアメリカ人の心をつかみ、瞬く間に「ベニハナ」は世界主要都市に一一〇もの店舗を展開するチェーン店となりました。

ロッキー青木のこのアイデアの原点は「包丁式」に他なりません。客の前で寿司を握ったり調理するカウンターキッチン、蕎麦打ちの実演、お座敷天麩羅など、客の目の前で調理して見せるという様式は、しっかり現代にも定着し日本の食文化の一つとなっています。

コラム⑰　「和包丁」について

「舌と同時に目でも味わう」和食に、包丁の冴えはなくてはならないものです。

奈良時代の正倉院御物の中に日本最古の包丁が金属製の箸とともに収められています。「和包丁」のルーツで、鍔《つば》のない日本刀のような形状をしています。包丁式の図にも、この日本刀型の包丁が描かれています。江戸時代初期まで、包丁はこの日本刀型でした。日本刀は、「斬れ味鋭く、折れず、曲がらない」という特質があり、その高い打刃物技術が古来より日本だけでなく海外からも高く評価されてきました。日本刀は、高温に熱した鋼《はがね》と軟鉄を合わせて鎚で何度も鍛錬して作ります。鋭い切れ味は鋼の硬さと軟鉄の粘り強さを組み合わせることから生まれます。「和包丁（日本の包丁）」も同じ製法で作られます。

正倉院御物にある**日本最古の包丁**
『正倉院御物図録　第15』（1944年）
国立国会図書館蔵

「和包丁」は、世界に類を見ない片刃包丁です。獣肉を切ることを主目的とした両刃の洋包丁は、上から押し切りますが、片刃包丁は刃がついていない面を食材にぴったりとつけて「すぅー」と引くように切ります。だから、切り口がとてもきれいなのが特徴です。日本の主な食材は魚でしたが、刺身の「角が立つ」と言われるのは、そのためです。細胞をつぶさないので食材の旨味も逃しません。繊細に刃先を動かせるので、さまざまな飾り切りなどの細工も行えます。料理を楽しくする花形人参、菊花カブ、ナスやキュウリの末広切りなどの飾り切りは私たちの日常でもおなじみです。

現代のような形状の包丁になり、さまざまな種類が作られるようになったのは江戸時代からです。魚を捌《さば》くための出刃包丁、刺身用の刺身包丁、野菜用の薄刃包丁など、食材別に専門の包丁があるのも特徴です。料理人の希望や用途にあわせ、厚みや長さを数ミリ単位で調整し仕上げるのだそうです。堺は刀匠の技を受け継ぐ打刃物の産地として有名です。その老舗の一つ「水野鍛錬所」を訪ねたとき、鱧《はも》用の骨切り包丁や鯨用の大きな包丁まで、その種類の多さに驚きました。極みは「ふぐ引き包丁」。フグは筋肉質で身が固く、薄く切らないと硬くて口の中で咀嚼しきれないのだそうです。皿の模様が透けて見えるほど薄く切ってあるのに、形美しく食感と旨味が感動的です。

日本刀の鍛刀技術が「和包丁」に生きています。

3 「食法一体」——食と生き方を重ねる

日本では、食に向かう姿勢は、その人の生き方と重なるものと考えられています。私たち日本人は、幼い頃から肘をついて御飯を食べたり、一度にたくさんのものを口に頬張って食べたりすると、「お行儀が悪い」と叱られました。どんなきれいな女優さんや人気のアイドルでも食べ方が汚いと「育ちが悪い」などと言われます。こうした思想は、どこから生まれてきたのでしょうか。

❶ 道元と食の思想

「食に向き合う姿勢は人間としての生き方に重なる」という思想を説いたのは、日本曹洞宗の開祖道元（一二〇〇〜一二五三）です。道元は、京の名門貴族久我家に生まれますが（父は内大臣久我通親、母は摂政関白藤原元房の女《むすめ》伊子）、幼くして両親を亡くし一四歳で比叡山の座主公円僧正について出家得度します。当時の仏教に飽き足らず、一二二三年二四歳のとき求道の志を強くし、宋に留学して禅を学びます。一二二七年に帰国後、生涯をかけて全八七巻に及ぶ『正法眼蔵《しょうぼうげんぞう》』を選述し、正しい仏教とは何か、修行とは何か、などの基本を説き示しました。

「修証一如《しゅうしょういちにょ》」、道元は、修行は悟りのための手段ではなく修行と悟りは不可分であり、修行そのもののなかに悟りがあり、悟りのなかに修行があると考えました。「食」についても、食事を作ること、食べることもまた修行であり、「法はこれ食、食はこれ法なり。食は法喜禅悦の充足するところなり」と「食法一体」の考えを説きました。

日本でもかつては「食」は空腹を満たすためのものであり、食事を作ることはごく当たり前の、日常の些事と思われていました。まして、志を立てて仏道を極めようとする求道僧にとっては、食事の支度をすることは修行の妨げとなる雑事のようにさえ思われていました。道元にとっても然りでした。道元の食に対する意識を変えたのは、宋における二人の典座《てんぞ》（食事担当の僧）との出会いでした。

道元が留学先の宋の寧波の港に着いたとき、禅林の僧の食事のための材料を日本船まで買いに来た一人の老典座に会いました。はるばる約二〇キロメートルの道を歩いてやってきたのに用が済むとすぐに帰ろうとします。道元が話を聞きたいと思って「あなた以外にも代わりにやってくれる人がいるでしょう」と引き止めると「これこそが私の修行であり、どうして他人に譲れましょうか」と笑われてしまいます。「坐禅や仏典研究などこそ修行であるのに、あなたはどうして煩わしい典座の雑務をしているのですか」と問うと、「あなたはまだ弁道（仏道）や文字（経典に書かれた教え）についてわかっていないのですね」と、笑って老典座は帰っていきました。

後にこの老典座が修行中の道元を訪ねてきます。そして「本当の文字とは「一二三四五」、すなわち、道を求める仏道者にとっては、目に触れ耳に聞こえるものすべてが仏道の道標であり、本当の修行とは「偏《へん》界《かい》曾《かつ》て蔵《かく》さず」自分がいる「今、ここ」にこそ真理が現れている、「今、ここ」を離れた真理などなにもないのです」と教えてくれました。

道元禅師　永平寺蔵

もう一人も修行中に出会った老典座です。夏の炎天下、仏殿の前で曲がった背中で笠もかぶらず汗だくでキノコを干していました。歳を聞くと六八歳と言います。苦しそうなので「どうして下働きの者にさせないのですか」と問うと、「他人にやってもらったのでは私の修行になりません」との答えが返ってきました。「それでは、こんなに暑い今でなくともいいのではないですか」というと「今でなくして一体いつやるというのですか」と言われました。道元は黙るしかありませんでした。老典座のまっすぐに自分の職責を全うする姿は、青年僧道元に強烈な印象を与え畏敬の念をいだかせました。

そして、この二人の老典座との出会いが、道元の宗教的自覚に大きな転換をもたらします。それまでは雑用だと軽んじたり、或いは大切な勉学や修行のさまたげになると思っていた食事を作ることが、坐禅や修行と別ものでないことを知ったのです。食事は単に生命を維持するためだけでなく仏道修行の成否にも関わるものであり、その仕事を誠心こめて行うこと自体が修行だと気づいたのです。道元は「利行は一法なり、あまねく自他を利するなり」と、人のためにすることは、とりもなおさず自分自身を豊かに育てることにほかならないと説いています。そして、道元は後に、自分がいささかなりとも修行や文字について理解しているのはすべてこの老典座のお陰であると、その恩をふり返っています。

❷『典座教訓』――食事を作る者の心構え

しかし、日本に帰国し目の当たりにした禅林の食事の様子は「僧食の事、僧家作食法の事は、あたかも禽獣の食法のごとし」、まるで生きるためだけに食べている鳥や獣と変わらないありさまで、食事を作ることや食べることへの意識は極めて低いものでした。

道元は、調理や配食、献立や食材の管理等は仏道修行の一環として細心の注意を払って行うべきであり、典座とは単なる雑役夫ではなく禅林の管理職である六知事のなかでも特に重要な職である、と説きました。

そうして『典座教訓《てんぞきょうくん》』『赴粥飯法《ふしゅくはんぽう》』という二冊の書を著わします。『典座教訓』では、食を作る者の心構えと意義を明らかにしています。『赴粥飯法』は、食事をするときの心構えと作法を著したものです。

『典座教訓』は道元三七歳のときの著述であり、多くの著作のなかでも初期のものです。道元がいかに「食」を重視していたかをうかがい知ることができます。

なかでも注目される教えに「須《すべか》らく道心を巡らして、時に随《したが》って改変し、大衆をして受用し安楽ならしむべし」があります。「食事を作ることを仏道修行と心得、理想を目指して、季節や場面にしたがって食材や調理の仕方を改め、工夫して料理に変化を加え、食べる人が美味しく気持ちよく食べられ、身も心も幸せを感じられるように配慮しなさい」というのです。

また、「道心なき者は、徒《いたず》らに辛苦を労して畢竟益無し」。役目だからするというのでは、ただ大変な苦労があるだけで何の益にもならない、と諭しています。「道心」とは、「無上終極の理想の境地を目指して進む心」を指しています。

味や調理法については、「六味精しからず、三徳給らざるは、典座の衆に奉する所以に非ず」とあり、「三徳六味《さんてるみ》」を尊重します。「六味」とは、「苦味、酸味、甘味、辛味、塩辛味、淡味」を指します。「淡味」とは食物そのものにそなわっている味のことです。これこそ、日本料理がつねに探求し生かすことを心がけている味です。「三徳」とは、軽軟（あっさりとしてやわらかい）、浄潔（きれいでけがれがない）、如法作（法にかなって作られている）という三つの調理法のことです。

今日でも、料理人が心構えとしていることが、約八〇〇年も前の禅僧の教えに由来するというのは感動です。

『典座教訓』の最後には、食事を作る者の心構え「三心」が説かれています。「三心」とは、「喜心」（喜びを持ってことを行う心）、「老心」（親が子を思うような心）、「大心」（大山や大海のように物事に固執しないまどわされない広々とした心）のことです。食事作りはただ漫然と行うのではなく、この三心を全うしたならば昔の優れた典座が職責を果たしながら大事を悟ったように、自らの修行を完遂し大事因縁を成就することになる、と述べています。

お弁当を作るとき、作り手は食べる人の顔を思い浮かべながら美味しく食べてもらえるよう、心をこめて作ります。駅弁や市販のお弁当の種類が多いのは「須らく道心を巡らして、時に隋って改変し、大衆をして受用し安楽ならしむべし」の具現かもしれません。

4　『赴粥飯法』――受食の作法

『赴粥飯法』は、もともとは、僧堂における僧侶たちの受食の進退（食事をするときの振る舞い・作法）について書かれたものです。曹洞宗では「威儀即仏法《いぎそくぶっぽう》　作法是宗旨《さほうこれしゅうし》」と言われ、「行住坐臥《ぎょうじゅうざが》」の日常の姿勢や行動のすべてを威儀あるものとすることを根本の教えとしています。『赴粥飯法』にも、食事の供し方や食事をする者の振る舞い方、食器の扱い方、食事中に気をつけることなどが細かく書かれています。そうした教えのなかには、私たちの日常生活に取り入れられ、いつしか習慣となっているものもあります。

❶食前・食後の挨拶

外国人が日本の食習慣で驚くものの一つに、食前の「いただきます」と食後の「ごちそうさま」の挨拶があります。日本人にとって、食前食後にこの言葉と共に手を合わせるのは当たり前の習慣になっています。しかし、それは決して世界共通の習慣ではありません。

例えば、フランスでは食前に「Bon appétit」、ドイツでは「Guten Appetit」と声をかけます。直訳すると「良い食欲を」という意味です。「どうぞ召し上がってください」とこれから食べようとする相手にかける言葉で、「いただきます」とはやや性格が違っています。

この「いただきます」という挨拶言葉の起源と考えられているのが、「五観《ごかん》の偈《げ》」です。「五観の偈」は、主に禅宗において食事の前に唱えられる偈文（仏徳をたたえたり、教理を説く経文）です。中国唐代の律宗の僧道宣が著した『四分律行儀鈔』のなかの文を宋代に黄庭堅が僧俗のために訳したもので、道元が著作『赴粥飯法』で引用したことから日本でも広く知られるようになりました。

「五観の偈」を唱えることは、僧侶の食事作法の一つとなっています。自分が生きるために生き物の尊い生命を犠牲にしていることを自覚し、その尊い生命を無駄にすることなく適量をわきまえて感謝していただくことや、食することで得られた生きる力を自分の成そうとすることの成就のために役立てることを確認・内省しつつ、食に向かいます。

☆五観の偈

一、功の多少を計り彼の来処《らいしょ》を量《はか》る。
二、己が徳行《とくぎょう》の全欠を忖《はか》って供《く》に応ず。
三、心を防ぎ過《とが》を離るることは貪等《とんとう》を宗とす。
四、正に良薬を事とすることは形枯《ぎょうこ》を療《りょう》ぜんが為なり。
五、成道《じょうどう》の為の故に今この食《じき》を受く。

（訳）

一、この食事がどうしてできたかを考え、食事が調うまでの多くの人々の働きに感謝をいたします。
二、自分の行いが、この食を頂くに価するものであるかどうか反省します。
三、心を正しく保ち、あやまった行いを避けるために貪など三つの過ちを持たないことを誓います。
四、食とは良薬なのであり、身体を養い、正しい健康を得るために頂くのです。
五、今この食事を頂くのは、己の道を成し遂げるためです。

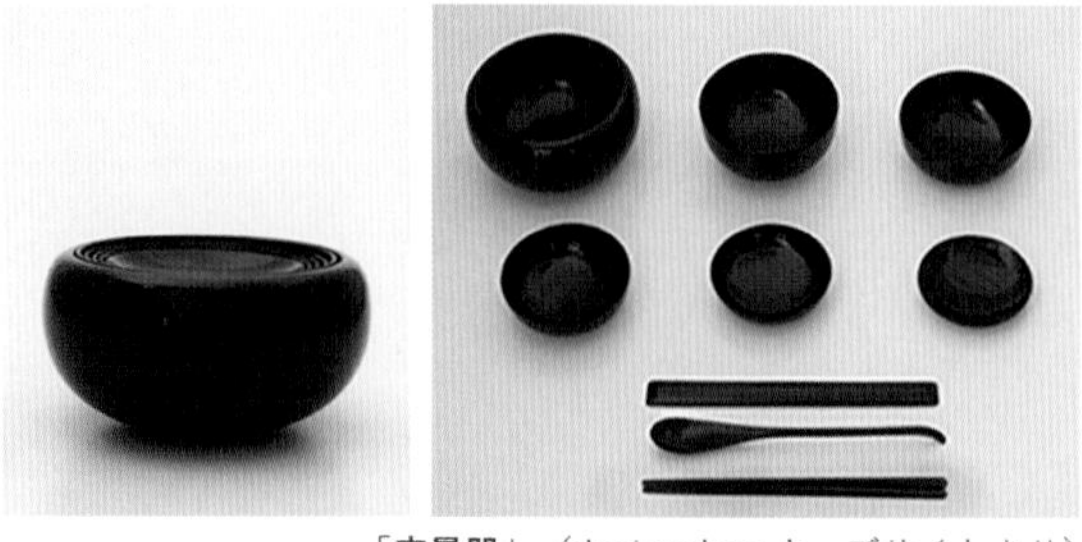

「**応量器**」（designshop ウェブサイトより）

❷「応量器」——作法の原点

禅宗では修行僧の私物は生きるために必要な最低限の「三衣一鉢《さんえいっぱつ》」だけとされ、得度するときに自分専用の三枚の法衣（下着・普段用・儀式用）と托鉢および食事用の食器である鉢を授けられます。この鉢を曹洞宗では「応量器《おうりょうき》」、臨済宗では「持鉢《じはつ》」、黄檗宗では「白《じ》鉢《はっ》」と言います。

入れ子状の五つの器（黄檗宗では三つ）と匙《さじ》、筋《きん》（箸）、鉢刷《はっせつ》（器を洗う具）、浄巾《じょうきん》（洗った器を拭くふきん）、鉢単《ほったん》（器を包む袱紗《ふくさ》）が一体になっており、使わないときは一番大きな鉢にすべてを収納し、鉢単に包んでしまっておきます。

禅林では、銘々が自分の「応量器」を用いて食事を摂り、それぞれの器に盛るものが決まっています。一番大きな器「頭鉢《ずはつ》」に粥を受け、以下定められた器に汁、香菜（漬物）、副菜を受ける、というように菜による食器の使い分けが行われています。これが、菜によって多様な器を使い分けるという日本の食文化のルーツと考えられています。

禅林での僧の食事　行鉢の様子
提供：曹洞宗大本山永平寺別院 長谷寺

食後は各自が鉢を洗って片づけるのが作法です。『赴粥飯法』には、匙や筋に至る鉢刷による洗鉢の方法と最後に器を収納し鉢単に包んでしまう作法までが詳細に示されています。日常の食器を自分で片づけるという習慣は、実はとても重要なことです。自分で洗うということになれば、洗う前に好き嫌いを云々せず食べきっておかねばなりません。一粒の米も無駄にしてはいけないという教えから食物を廃棄することは御法度ですから、適量ということをつねに考えるようになります。「適量を知る＝必要以上の食物を摂取しない」ことは、自ずと動植物の命をいとおしむことにつながっています。「応量器」とは「分に応じた量を盛る器」の意味です。

「応量器」は、釈尊が信者から施された食物を受けた鉢に由来し、禅宗では単なる食器ではなく仏道の極意（仏祖の心身をあらわすもの）として大変重要に考えられています。殊に、一番大きな鉢「頭鉢《ずはつ》」は、釈尊の頂骨（頭）と見なされ、口をつけてはならないだけでなく、尊意をもって丁寧に扱わねばなりません。「応量器」の取り扱いには厳しい作法が定められています。曹洞宗では「威儀《いぎ》即《そく》仏法《ぶっぽう》作法《さほう》是《これ》宗《しゅう》旨《し》」、威儀ある立居振る舞いの実行が仏法の体現であるとして作法の体得を重んじますが、「応量器」はその起源となるものです。禅宗では、食事を作ることも食べることも修行とされています。

「食を受けることへの感謝」と「受けるにふさわしい自分であるかどうかを内省する」日本の食文化の根底を流れる思想の由来をここに見ることができます。それが、後に「茶禅一味」を精神とする茶道の作法につながり、「いただきます」「ごちそうさま」と手を合わせる食前食後の挨拶につながっていったと考えられています。

❸「箱膳」——属人器文化

「応量器」の流れをくむものに「箱膳」があります。「箱膳」とは、江戸時代から昭和十年代くらいまで農家や商家で広く使われていた飯碗、汁碗、皿、湯呑茶碗、箸などの食器を入れた蓋つきの箱のことです。蓋を裏返すと盆に早変わりし、箱の上に載せた盆に飯や汁を載せて食事をしました。各自が自分専用の「箱膳」を持っており、箱の中の食器を常用して食事をしました。食事の最後にたくあんで飯椀や汁椀の中をふき取って、お茶を注いで飲み、それから茶碗や箸などをきれいな布巾で拭いて、箱の中に納め、棚にしまいました。この収納法は「応量器」と同じ、食事の作法も禅宗における修行僧の食事作法と同じです。

赤ちゃんの生後一〇〇日前後の乳歯が生え始めるころに「生涯、食べることに困らないように」と

根来塗の**箱膳**
提供：漆器の島安

箱膳での食事
重野安繹編輯『尋常小学校修身書』（明治 25）

の願いを込めて食事をする真似をさせる「お食い初め」という儀式があります。「箸揃《はしぞろえ》」とも言われ、かつてはこのときに専用の「箱膳」をそろえました。また、お嫁に行くときには必ず持っていくものだったそうです。

「箱膳」と食器は、「これはお父さんの」「これはお母さんの」「これは私の」と自分専用のものを使いました。この個人専用の食器のことを「属人器」といいます。考古学者の佐原真（一九三二〜二〇〇二）が使い始めた言葉ですが、日本独特の食文化です。

幕末・明治期に来日した外国人たちは、普通の人たちの日常の食器が、お父さん用、お母さん用、子供用と大きさが違うだけでなく、自分の好みの絵柄や文様がついた食器を使っていることに驚きました。洋食器はセットで揃え、形も円形か楕円形で、用途に応じて大皿、中皿、小皿、スープ皿がありますが、それは食事を共にする何人かで一緒に使う「共用器」であって個人専用のものはありません。食事を共にしながら各自が使う食器は、「銘々器」と言いますが、個人の専用器ではありません。

まして絵柄のついたものは王侯貴族や富裕な人々だけのものだったからです。

日本では、「自分のお箸」「自分のお茶碗」が決まっていて毎食それを使います。誰かが自分のお箸を使おうものなら「それ、私のお箸よ。使わないで」とちょっと不快に感じてしまいます。「属人器」には「恒常性（一定性）」があるのが特徴です。また、「属人器文化」は自身のアイデンティティを大切にする自己表現文化にもつながっていると考えられます。お弁当においても、日本人の多くがそれぞれ自分専用のお弁当箱を持っています。

5 食の思想の浸透

❶ 寺請制度

こうした食の思想や僧侶の食事作法は、どのように民衆に広がり浸透していったのでしょうか。その背景には、江戸幕府が設けた寺請制度の影響が大きいと考えられます。

幕府は寛永十七（一六四〇）年に宗教統制の一環として、キリシタンではないことを寺院に証明させる寺請制度を設けました。寛文十（一六七一）年に完全に制度化され、民衆の移動・旅行・就業に際して、寺が檀家であることを証明する寺請証文の提出が必要となり、寺請証文は一種の身分証明書となりました。民衆は寺請をしてもらう寺院の檀家となり、寺院と檀家との結びつきが深くなっていきます。それまで、仏教寺院は公家や有力な武家の信仰の対象であり、その庇護を受けていましたが、この制度によって寺院は民衆を管理し、かつ布施などによって民衆に支えられるものとなりました。

寺請制度に先立って家康の仮託によって慶長十八（一六一三）年に交付されたとされる『宗門檀那《しゅうもんだんな》請合之掟《うけおいのおきて》』には、次のような檀家の義務が記されています。

一、宗門の祖師忌・仏忌・盆・彼岸・先祖の命日には必ず寺に参詣すること
一、寺が行う仏法勧談、講経の集会に参加すること
一、檀那役を以て夫々《それぞれ》の寺仏用修理建立に勤めること
一、葬儀は檀那寺が行うこと

この掟は、今では寺院にとって都合がよいように作られた偽書とされていますが、江戸時代には広く流布し、各戸には仏壇が置かれ、法要の際には僧侶を招く、という慣習が定まりました。民衆が、僧から法話や説教を聞く機会や僧房での生活を知る機会が増えました。

政治権力との結びつきを避け、地方の民衆のなかに溶け込んで民衆の素朴な悩みに答えるという地道な布教活動を続けてきた曹洞宗は、多くの民衆の共感を得て広がっていきます。

道元の食の思想が広がっていく背景は、ここにあったと言えましょう。食事をつくる心得や食べるときの作法が、よりわかりやすい形で民衆のなかに浸透していったと考えられます。

浄土真宗でも、生き物の命を絶ち自分の栄養として取り入れることを重くみて「食前食後の感謝の祈り」を大切にしています。浄土真宗は、当時最大の仏教宗派でした。

❷「おべんとう」の歌

お昼時に近所の幼稚園の前を通ったら、中から元気な園児たちの歌声が聞こえてきました。なんだか楽しそうなのでちょっと覗いてみました。

「おべんとう」の歌　　作詞：天野蝶、作曲：一宮道子

♪おべんと　おべんと　うれしいな
おてても　きれいに　なりました
みんな　そろって　ごあいさつ
（いただきます）

♪おべんと　おべんと　うれしいな
なんでも　たべましょ　よくかんで
みんな　すんだら　ごあいさつ
（ごちそうさま）

これは、幼稚園や保育園でお弁当の時間に歌われている「おべんとう」の歌です。食前と食後にこの歌を歌い、そして歌の後に「いっただきま～す」「ごちそうさま～」と元気な声が一斉に響きます。お弁当を食べるときは、ワイワイガヤガヤ、とても楽しそうです。

お弁当を食べているときに、先生は「食べ物を口いっぱい頬張ったまましゃべってはいけませんよ」「落ちたものを食べてはいけません」「隣の人のお弁当を見て自分のお弁当に不満を持っちゃだめ

よ。お母さんが○○ちゃんのために作ってくれたんだからね」「食べているときに体を揺らしたり、肘を立てたり、あくびをしたり、しないようにしようね」「おかずのカスや果物などのタネは、お弁当箱の隅っこにまとめておこうね、そのほうが見ていい感じでしょ」などと気が付いたことを優しく注意しています。これは道元が十三世紀半ばに『赴粥飯法』で説いた食事をするときの心得に通じます。

みんなでお弁当を食べるなかで、幼児たちは一緒に食べることの楽しさを覚え、食事をするときの作法を自然に身に付けていきます。

第七章　社会の変化とお弁当

社会の変化にともない、お弁当のあり方や役割も変化してきました。そこには時代を素早く読み取り、それに対応していく庶民の知恵と工夫があります。現代では、高齢化の急速な進展、核家族化、働く女性の増加など、著しいライフスタイルの変化のなかで、お弁当は社会的役割を担うようになりました。また、ＩＣＴ（Information and Communication Technology：コンピューターを利活用した情報通信技術）の進歩は、お弁当の新たな可能性を広げつつあります。時代の変化は多様な価値観を生み、手作り弁当に対する意識も変わってきました。

1　お弁当の社会的役割

日本の歴史のなかで、現代ほど社会の変化の激しい時代はないでしょう。今、日本の抱える最大の課題は、世界に類を見ない速さで進む超高齢化社会への対応です。総務省統計局の発表によると、平成三十（二〇一八）年九月十五日現在、日本の総人口は一億二六四二万人、そのうち六五歳以上の高齢者人口は二八・一％を占めています。二一％以上を超高齢化社会と呼びますが、これは世界一の高齢者率です。七五歳以上（後期高齢者）の割合は一四・二％です。

平成二十八（二〇一六）年現在、六五歳以上の高齢者のいる世帯は全世帯の約半分、その過半数が「単独世帯」・「夫婦のみ世帯」です。今後も高齢者の増加は続き、二〇五五年には、約二・五人に一人が六五歳以上、約四人に一人が七五歳以上になると推計されています。

❶超高齢化社会を迎えて——お弁当宅配サービス

高齢者が安心して快適に暮らせるように、国は介護保険制度を整え、自治体は各種福祉サービスの充実に取り組んでいます。特に、単身世帯や、支援を必要とする高齢者が増加するなかで、日常生活の支援の必要性が高まっています。

日常生活において、食事は生活の基本です。生命の維持だけでなく楽しみであり、生活の質を高める重要な要素です。多くの自治体で、高齢者や障害をもつ方々向けに、「食事サービス」が実施されています。この食事サービスは、地域の自治会やボランティアの方々によって支えられており、交流と食事の楽しみを目的とした会食サービスと日常的な必要に応える配食サービスの二つがあります。ともすれば孤食になりがちな高齢者にとって、会食は大きな楽しみであり、生活のリズムをつくる役割も果たしています。配食サービスとは、お弁当の宅配のことです。栄養バランスや食べやすいように味付けを考慮したお弁当が定期的に届けられます。「こんにちは、お変わりないですか。お弁当のお届けです」。身近な「お隣さん」によるお弁当の宅配は、地域住民として平等な関係に立っているので高齢者にとって負担にならず、ここでの気軽なおしゃべりが地域の人間関係の「絆」を深める役割も果たしています。隣近所との付き合いが希薄になってきたといわれますが、「お弁当の宅配サービス」がお付き合いの仲立ちとなっています。また、お弁当の宅配は、会話をしながらその健康状態や生活ぶりを確認し生活を見守るという役割も担っていて、もし異常を感じたら、すぐに関係機関に連絡を取るようになっています。

男性の単身生活者など調理に慣れない高齢者や身体的衰えなどから調理に困難を覚える高齢者も多くなり、民間事業者によるお弁当宅配サービスも増えてきました。豊富なメニューと馴染みある鰹節や昆布の出汁を使ったやさしい味付け、食べやすいやわらか食の提供、希望によって副菜の数や宅配の回数を選べるなど、利用しやすいよう工夫がされています。高齢者は食が細くなり栄養が偏りがちですが、お弁当に詰めあわされたいろいろな副菜は、食べる楽しみとともに栄養バランスも考慮されています。お弁当には、高齢者を思いやる気持ちも一緒に詰めあわされています。

❷ 療養食や健康食の宅配弁当

日本は、世界トップクラスの長寿国です。二〇一八年の日本人の平均寿命は、女性八七・三二歳、男性八一・二五歳で、女性は香港に次ぐ世界第二位、男性は香港、スイスに次ぐ世界第三位の長寿です（厚生労働省発表）。でも、単に長生きするだけでなく、「年齢を重ねても、元気で生活の質を落とさずに自立して暮らしたい」というのは、誰しもの願いです。

とはいえ、病気は気づかないうちにやってきます。今日、日本人の死因の第一位は癌です。一九八一年以来ずっと一位であり続けており、二人に一人が何らかの癌になる時代となりました。かつて、動脈硬化や高血圧、脳卒中、心筋梗塞など中高年以降に多い病気を「成人病」と呼んでいました。しかし、近年、癌やこうした病気の発症の原因が加齢や遺伝だけではなく、普段からの生活習慣に深く関わっていることがわかってきました。平成八（一九九六）年厚生省（現厚生労働省）は、「成人病」に代わって、新たに「生活習慣病」という概念を導入しました。

生活習慣病の代表的なものは糖尿病で、患者推計数は予備群も合わせると二二〇〇万人以上と言われています。高血圧、脂質異常症の患者も、それぞれ約四〇〇〇万人と推定されています。また、気になるのは肥満です。男性の約三分の一弱、女性の約五分の一強が肥満と言われます。体重は健康状態との関連性が強く、肥満は癌や脳血管疾患、心疾患の要因となる動脈硬化や高血圧、脂質異常症などを引き起こすとともに、高尿酸血症や痛風、脂肪肝、膵炎なども関連性があります。

生活習慣病の改善と予防には、正しい食習慣を身につけることが重要です。病気になってしまうと、その治療には毎日の食事においてさまざまな制限や管理が必要となります。しかも、必要とわかっていても在宅の日常生活の中でそれらを適切に実施していくには知識や技術が必要であり、続けるのはなかなか難しく、長く続く療養食生活は精神的ストレスを招くことも少なくありません。

そうした在宅食事療養者のための療養食を専門とした、お弁当の宅配サービスがあります。多くは民間業者によるものですが、病院給食指導の経験のある管理栄養士の監修による低カロリー食、減塩や低たんぱく質の治療食、脂質調整食、糖質調整食、アレルギー対応食など、さまざまな種類のお弁当が作られています。特に管理の難しい糖尿病食や腎臓病食の宅配は、患者だけでなくお世話をする家族にとっても心強い味方になっています。寝たきりや治療薬の副作用などの理由から「食べられない」「飲みこみにくい」という嚥下《えんげ》困難な人に配慮したお弁当「嚥下調整食」もあります。やわらか食は、一般家庭ではなかなか調理が難しいものですが、「凍結含浸法《とうけつがんしんほう》」という技術によって、筍や根菜などの硬い食材でも歯茎でつぶせるほどのやわらかい食感が実現されるようになりました。毎日利用しても飽きずに食べられるよう旬の食材や季節のメニューを取り入れ、冷凍保存していつでも電子レンジで温めて食べられる工夫もあります。

こうした療養食宅配弁当は、食事内容に留意しなければならない本人だけでなく、その食事の支度をする家族の手間の軽減にもつながり、時間と気持ちの余裕を生む強力なサポーターになっています。今では、多くの食品会社がこうした療養食宅配を手がけるようになりました。ただ、利用し続けるには経済的負担が大きいことが気になります。

また、忙しくて自炊できないけれどバランスのいい食事をとりたい、健康のために体重管理をしたい、未病（自覚症状はないけれど検査結果に気になるところがあるなどの状態）のために健康に留意した食事をしたい、という人たちのための健康食宅配もあります。

加齢や健康状態によって生じてくる不安や不自由を「お弁当」がサポートしてくれるようになり、「お弁当」は個人の域を超えて、社会的役割を担うものになりました。携行食である「お弁当」だからこそできる宅配であり、食べる人のための配慮には「お弁当」を作り続けてきた日本人の経験が生かされています。

2 ライフスタイルの変化と価値観の多様化

戦後、日本社会では、高度経済成長による女性の社会進出や都会に出て働く人の増加が単独世帯や核家族化を促進させました。一九八五年「男女雇用機会均等法」が、二〇一五年には「女性活躍推進法」が制定され、女性の就業率は年々増加しています。結婚後や母となってからも働き続ける女性も多くなりました。総務省「労働力調査」によると、二〇一七年の働く女性の数は二八五九万人、総労働人口六五三〇万人中の四三・七％を占めます。働く女性の増加は、共働き世帯の増加も示しています。

❶「中食」産業の急伸

ライフスタイルの変化は、家事の省時間、省労力を求める傾向を生み、それにともなって、「中《なか》食《しょく》」が注目され、需要が急伸しています。「中食」とは、市販の弁当や惣菜など家庭外で調理・加工された食品を購入して持ち帰る、あるいは配達を受けて家庭内で食べる食事の形態をいいます。

中食は、レストランなどで食べる外食よりも安価で、自分で材料を買って家で調理するよりも手軽であることから家庭内調理の代行としてのニーズに応え、産業として順調に伸びてきました。二〇一七年、市場規模は一〇兆五五五億円と一〇兆円の大台に乗りました。背景には、女性の社会進出の他、少子化・高齢化・少人数世帯の増加という社会変化があります。

食品メーカーのキユーピー株式会社は、一九八九年から毎年「食生活総合調査」を実施しています。二〇〇八年の二〇～六九歳の単身者一一〇〇人を対象とした調査によると、単身者の六四・六％が週一回以上中食を利用しており、よく利用する中食の種類はお弁当が六六・四％でトップでした。お弁当を選ぶ理由の第一位は「時間がないから」ですが「インスタント食品より食事に近い感じがする」「好きなメニューが選べる」などがあがっています。その後の調査でも、お弁当や総菜を月一回以上利用する人の割合は八割を越えており、「毎日」あるいは「週に四～五回」利用している人の割合も増加しています。

同社では、二〇一五年に五〇歳から七九歳の女性の食生活意識調査を実施しました。中高年層の中食利用は年々伸びており、特に六〇代後半から七〇代の顕著な伸びが注目されています。子供の独立を機に「しっかりと手作りしなければ」という意識から解放され、それが中食利用のきっかけとなっていると推測されます。調査のまとめとして「健康に気を使いつつ、中食や外食を上手に活用して、長寿の時代を楽しもうとするシニアの姿が浮かび上がってくる」とあります。中食がアクティブ・シニアを応援しています。

❷「持ち帰り弁当」

お弁当の本来は携行食です。「持ち帰り弁当」の専門店ができたのは一九七〇年代後半のことでした。一九七六年に「ほっかほっか亭」が登場し、フランチャイズ方式で急速に店舗を増やしていきました。後続の持ち帰り弁当店も次々と誕生しました。また、その頃急激に普及したコンビニエンスストアでもお弁当が販売され、店の電子レンジで温めてすぐ食べられるようにしたことが好評で新しい顧客層をつかみました。スーパーマーケットや百貨店の惣菜売り場にもお弁当が並ぶようになりました。これらが「お弁当を買って持ち帰って食べる」という新しい流れをつくりました。

一九九〇年代になると、持ち帰り弁当はより普及し、コンビニエンスストアに納入する弁当の製造工場は二四時間のフル操業で日産数万食に及ぶほどの規模になりました。その背景には一九九一年のバブル経済崩壊の影響が考えられます。このときから日本の長期デフレ景気低迷が始まり、人々は節約という生活防衛をはかるようになります。こうした「持ち帰り弁当」を含む「中食」が支持された理由には、必要なときに必要な分だけを買えるという経済性が支持されたということもあります。

持ち帰り弁当は、二〇代〜五〇代の幅広い層で利用されていますが、特に利用率が高いのは、四〇代男性・女性、二〇代男性、六〇代男性です。当初、中高年層は主要顧客と目されていませんでしたが、二〇一一年の東日本大震災以降、購買者が増えました。市販弁当を食事とすることに抵抗のあった中高年層にも、便利で身近なものとして認識されたからでしょう。

二〇〇七年には二五〇円という「低価格弁当」が登場して、人々を驚かせます。はじめは、採算の合う大都市中心部での路面店販売からでしたが、やがてコンビニエンスストアやスーパーマーケットが低価格のプライベートブランドのお弁当を全国展開していき、「低価格弁当」という新たなお弁当のカテゴリーが確立されることになります。今は、コンビニエンスストアやスーパーマーケットでは、五〇〇円台前後が主流ですが、三〇〇円台で買えるお弁当もあります。

しかし、低価格だからといって、決して質は落としていません。お母さんが家庭で作るお弁当を手

スーパーマーケットのお弁当。300円台の商品でも，季節感を取り入れたり，カロリー表示をするなどの栄養考慮がなされています。

本に、おいしく食べてもらえるように、という基本が守られています。材料の表示、カロリーや栄養表示もあり、味や彩についての配慮もなされています。選べる種類の多さや季節の旬の素材を使った特別弁当、日替わり弁当など、食べる人が飽きずに楽しんで利用できるよう工夫されています。

また、見過ごしてしまいがちですが、低価格の実現には弁当容器の貢献もあることを忘れてはなりません。容器として薄く軽量化され、さらに透明性、耐油性、耐熱性、保存性、安全性のための工夫など、さまざまな考慮がなされています。食べ物の味が混ざらないよう仕切りを入れ、醤油やマヨネーズなどの調味料のための部分も別になっています。抗酸化物質を原料樹脂中に混入して成形加工し、酸化による生鮮食品の腐敗・劣化を抑制する機能を持つ容器なども開発され普及してきました。お弁当を美味しく見せ上質感を演出するカラー容器、木目調や漆塗風の容器などのデザイン容器もあります。

使い捨ての容器であっても、決して気も手も抜かない日本人気質が発揮されています。それらの容器を一食分数円から一〇円以内で提供しているのですから、その技術、企業努力に対して敬意を表さずにはいられません。

大量供給のコンビニエンスストアと違って「持ち帰り弁当」の専門店は、「ほっかほっか亭」「ほっともっと」「本家かまどや」などの名が示すように個々の店の店内でお弁当を手作りしています。「立ち寄ればいつもほっとする、安心をもって帰ってほしい」と、作りたてのあたたかいお弁当の提供をモットーとしています。今では高級料理店や人気レストランなどでも「持ち帰り弁当」を提供しているところが多くなりました。それらは持ち帰り弁当専門店のお弁当に比べると高価格ですが、頑張った自分へのご褒美や、訪問の手土産にしたり、家庭でゆっくりと気軽に味わえるごちそうとして人気があります。

最初は、省労力、省時間や経済性から需要を伸ばしていった「持ち帰り弁当」ですが、多様な楽しみ方で親しまれています。そして、どのお弁当にも工夫があり、庶民のなかに浸透している「お弁当」に対する意識の高さを感じます。

❸お取り寄せ弁当「仕出し弁当」

暮らしの日々のなかには、冠婚葬祭、季節の行事、その他親族が集まったりお客様を迎える特別な日があります。準備にはもちろん万端心を配りますが、当日はあまり立ち働かず落ち着いて、集まった方々へのおもてなしに専心したいものです。おもてなしの気持ちを伝える方法の一つに、美味しいものを召し上がっていただくことがあります。そんなときに重宝なのが「お取り寄せ弁当」です。「お取り寄せ弁当」はおもてなし用のちょっと贅沢な高級弁当。前もって集まりの趣旨や人数、希望を伝えて予約注文しておくと、注文に合わせて指定の場所に人数分のお弁当を届けてくれます。

こうした「お取り寄せ弁当」が生活のなかに最もなじんでいるのが京都です。「仕出し弁当」と言い、京都ではお客様をおもてなしする際、家庭料理ではなく仕出し屋からお弁当を取り寄せる風習があります。「大事なお客様をもてなすときには老舗料理屋の味をお出しする」、これが京都人の心遣いとされてきました。

京都にはたくさんの仕出し専門店があります。どの店のお弁当も、食材を厳選し、味はもちろん、盛り付けの彩りや野菜の切り方一つにもこだわった見事なものです。それは、お弁当というよりも「京料理の詰め合わせ」という方がふさわしいでしょう。「京料理」は、京都の風土に育った京野菜を使い、四季折々の趣を大切にした料理です。平安時代から続く宮中料理の伝統を受け継ぐ「有職料《ゆうそくりょう》理《り》」、寺院の「精進料理」、茶席でふるまう「茶懐石」から発展した「懐石料理」、そして「町方料《まちかたりょう》理《り》」の四つの流れがあります。

仕出し屋は、注文を受けて料理を作って届けますが、お客様は迎えません。それだけに、注文を受けるときに、集まりの趣旨や希望される料理の趣向などを丁寧に聞いて、お届けしたときに最高の味で食べてもらえるよう、お目にかかることのないお客様のために心をこめて調理します。

この「仕出し」という業態はどのように生まれたのでしょうか。「仕出し」の源流に「有職料理」があるといわれています。京都には、延暦十三（七九四）年の平安京遷都から明治維新（一八六八年）による東京遷都までの千年余、天皇のお住まいである御所が置かれていました。「有職料理」は宮中での儀式や節会、貴族同士の饗応のときの「大饗料理」の流れをくむもので、四条流、生間流《いかまりゅう》などの包丁人が司っていました。陰陽五行の考えに基づき「五味・五色・五法（辛酸甘鹹苦の味〔鹹かん：塩辛い味、白黄緑赤黒の色、生焼煮蒸揚の調理法〕）」を重視します。天皇家や公家に仕える包丁人は、これらを料理に盛り込むことに心を砕きました。

時代は流れて江戸時代になると、政治の実権は徳川幕府が握るようになりました、天皇は権威ある

魚屋から仕出し屋になった「井傳」のお弁当　提供：井傳

創業天保初年の仕出し屋「菱岩」のお弁当（京都料理組合ウェブサイトより）

存在ではありましたが、収入は幕府から与えられた禁裏御料からの三万石だけで行動は「禁中並公家諸法度」で制約され、生活は厳しいものでした。公家たちの収入は宮家・公家一〇六家合わせて四万六六〇〇石で、さらに厳しいものでした。和歌や茶道、香道などを教えて副業とする公家も出てきました。

そうした中で、しだいに多くの包丁人が、職を辞して町に住むようになりました。生業として、包丁人たちは、謂われることあれば料理屋の当主に、包丁の作法、儀式の切形、技術、献立、盛り付けの形等々の秘伝を教えるようになります。町衆の大店の主人から冠婚葬祭や花見などの行楽のときに、料理を注文されることもありました。注文のある日は、お客様にとっての大切な「ハレの日」です。格式や集まりの趣旨に合うよう献立を考え、これまでの経験を生かした料理を届けました。最初は、ある程度まで調理した料理を運んで先方の台所で蒸し物や吸い物を温めなおし、仕上げの部分だけを調理する「出張料理」のような形態でした。調理器具や食器などの一式を携えての出仕事のときもあり、そのときには補佐をする「配膳」という職司が同行しました。これが「仕出し」の起源と言われています。その料理を重箱や折に詰めてお弁当仕立てにしたのが「仕出し弁当」です。

やがて町衆だけでなく寺院、茶道や華道などの家元からも注文を受けて、法事や茶事の膳やお弁当を届けるようになります。信頼を得て出入りが許さ

葉山「日影茶屋」の仕出し弁当。気軽に取り寄せられ贅沢気分を味わえます。（日影茶屋ウェブサイトより）

京都「泉仙」　昔ながらの仕出し割烹「幕の内・貴船」　提供：泉仙

れた仕出し屋は、その寺院や家元から「御用達」の看板を授けられました。瓢亭（南禅寺）、矢尾治（東福寺）、辻留（裏千家）、柿傳（武者小路千家）など、有名な京料理の老舗料亭は、こうした「御用達」の看板を掲げています。仕出しはしていませんが、萬亀楼は御所ゆかりの有職料理を今に伝える歴史ある料亭で、当主は式包丁生間流を正式に継承する第三十代の家元です。

魚の行商から始まった「仕出し屋」もあります。近所の家庭からの「焼き魚にして届けて」「お造りでお願い」という注文に応えて、店で調理し配達に行くようになったことから、料亭で味わう晴れやかさとはまた違った丁寧な料理が人気となって「仕出し屋」へと発展していきました。

京都の一般的な日常の家庭料理「町方料理」は、「おばんさい（お番菜）」と言います。「番菜」の「番」には「常用のもの、粗末なもの（大辞林）」という意味があり、女房まかないの素朴な料理です。町衆や庶民は、普段は質素に暮らしていますが、冠婚葬祭やお客様をおもてなしするなどの「ハレの日」には、ちょっと気張って（格好つけて気前よく）贅沢料理を楽しみました。お弁当の形態は、届けてもらうのに恰好のものでした。

今では、さまざまな「仕出し弁当」があり、家庭だけでなく企業のイベントや接待などへのお届けの注文も一般的です。地域や学校、ボランティアや趣味の会などの集まりでも、新年会などの特別な日の「仕出し弁当」のお取り寄せが広がってきました。筆者は横浜に住んでいますが、地域の趣味のグループでも、新年会では近くの葉山から老舗のお弁当を取り寄せます。お店まで出向かないでちょっと贅沢を味わい、おしゃべりや懇親の時間をゆっくり楽しめるのが好評でお取り寄せが定例化してきました。気楽に取り寄せられる価格のお弁当があるのもうれしいことです。「仕出し弁当」は、ずいぶん身近なものとなりました。

❹「おせち」の取り寄せ

誰にも共通の「ハレの日」がお正月。近年、お正月の「おせち」の取り寄せが盛んになってきました。デパートや料亭などに前もって予約すると、重箱にきちんと詰め合わされ、そのまま食卓に出せるようになった「おせち」を年末に届けてくれます。コンビニエンスストアやネットでも予約注文でき、年末の恒例とする人たちも増えてきました。二〇一七年に食に関する情報サイト「ぐるなび」が行った「おせちに関するアンケート（対象：九五〇人）」によると、重箱入りの「おせち」の取り寄せ派は三〇％、完全手作り派は一五％でした。

「おせち」は、新年を寿ぐ「祝い料理」です。一年のうちに五回ある節句に神様に供えるための料理として作られたのが始まりですが、いつしか正月料理だけを指すようになりました。お正月は歳神様を迎える大切な日です。大晦日のうちに神様に供えるために作り、年があけたら、そのお下がりをいただくという風習が現代にも続いています。歳神様を迎える元旦の火は聖なるものとされ、神様と共食する雑煮をつくるほかは火を使う煮炊きをできるだけ避けるしきたりがありました。ですから、

デパートの宅配「おせち」（三越）

料亭の宅配「おせち」（京都料亭「東観荘」）

年末は家庭の主婦たちは「おせち」作りに大忙しでした。
「おせち」にはさまざまな縁起や願いがこめられており、それらを大切に料理を調《しつら》えていきます。たとえば、「数の子」には子孫繁栄、「田作り」には豊作祈願、「黒豆」にはまめに（丈夫で元気に）暮らせるように、という願いがこめられています。「紅白かまぼこ」の半円形は日の出（歳神様）を、紅は魔除け、白は清浄を表しています。「伊達巻」には巻き物が書物や掛軸に通じることから知識や文化の発達を願う気持ちがこめられており、「ぶり」は大きさによって名前が変わる出世魚、立身出世を表すものです。「海老」は腰が曲がるまで長生きできるように、「れんこん」は穴があいていることから将来の見通しがきくように、という願いからです。料理にこめた一年の多幸を祈る気持ちを考えると、どの一つもおろそかにすることができません。
年末の晦日から大晦日にかけて、「おせち」作りにお母さんが台所で忙しく立ち働く様子や、トントンという包丁の音、台所から立ち上る湯気と煮物のにおい……それらは「もうすぐお正月」という気分を高揚させ、子供たちはわくわくしたものでした。それは、お母さんたちにとっても、忙しいなりにどこかいそいそとした楽しい仕事でした。
しかし、核家族化が進み働く女性が増えてくると、「おせち」作りに対する意識も少しずつ変わってきました。家族に見合った量でいい、材料を調えることや手間を考えると取り寄せのほうが経済的、年末年始はゆっくり過ごしたい、年初めは豪華に迎えたい……など思いはさまざまです。「おせち」の取り寄せは、こうした要望から広がっていきました。「おせち」もまた宅配可能な重箱という容器に入った豪華弁当の一つです。

余談ですが、親しくしている九〇歳になる一人暮らしの婦人は、毎年決まって老舗の「おせち」を取り寄せています。新年のご挨拶に伺うと、正月花が活けられた居間のテーブルにその「おせち」の重箱があり、「年齢を重ねても一人暮らしでも、お正月は特別な日として寿いで迎えたい」という気概が伝わってきます。宅配の「おせち」がその思いに寄り添ってくれているようです。筆者の手作り「おせち」を小さな重箱に詰めてお届けすると、「お正月からお福分けをありがとうね」と、とても喜んでくださいます。小さなプライベート宅配「おせち」です。

3　ICTとお弁当

現代の社会変化のなかで、目を見張るものにICT（Information and Communication Technology：コンピューターを利活用した情報通信技術）の発展があります。

日本に電信機が初めて紹介されたのは、一八五四年米国のペリー提督が日米和親条約締結のために二度目に来日したときでした。開国を求め、当時のアメリカ大統領が幕府に献上したものです。早くも一八七〇年、明治政府により東京と横浜間に電信線が架設されて公衆電報の取り扱いが開始されました。それから約一六〇年、パソコンのインターネットや携帯電話、スマートフォンの開発・普及は、情報通信分野に大きな変革をもたらしました。情報は所有するものではなく、発信・共有し利用するものになりました。ICTの進展は、日本の社会や経済にも多大な影響を及ぼし、新たなサービスやビジネスを創出しています。

❶企業向け宅配弁当の躍進

ICTの影響は、お弁当の業界にも及んでいます。宅配弁当や中食は、個人のためのものでしたが、今、企業向けの宅配弁当が、産業として大きく躍進しています。

経済産業省の「二〇一七年版中小企業白書」によると、日本の総企業数は約三八二万社、そのうちの九九・七％が中小企業です。従業員数でいうと、製造業で三〇〇人以下、卸売業やサービス業では一〇〇人以下、小売業では五〇人以下を中企業と言います。小企業とは、製造業で二〇人以下、その他の業種で五人以下の企業を指します。中小企業で働く人の数は、約三三六一万人で労働人口全体の七〇・一％になります。小企業で働く人はそのうちの一一一七万人です。日本の産業は中小企業が支えています。

中小企業のほとんどは社員食堂をもっていません。また、昼時は飲食店が混雑していたり、メニューの選択肢が限られていたりします。そうした状況のなかで登場してきたのが企業向けの宅配弁当です。毎日メニューが異なるお弁当を安い価格でオフィスや工場まで配達する宅配弁当が重宝がられ、急速に需要が伸びてきました。

個人向けと異なり、企業向けの宅配弁当には、調達する数、注文の取りまとめや集金、セキュリティなど、難しい課題がたくさんあります。それらを解決したのが、ICTです。ICTを使ったシステムの開発が、各社員の注文の登録から取りまとめ、発注、精算までを自動集計し、給与天引きでの支払いも可能にしました。個人的にも専用アプリを使ってスマートフォンで注文、決済をすることができるようになりました。季節感を盛り込んだ新作メニューの開発、日替わりメニューの作成のほか、栄養バランスやカロリー計算など健康への配慮……、そうした要望に応えるための新しい料理や調理法の情報収集と分析にもICTが活用されています。

お弁当業界は、どちらかというと「アナログ的（人の感情や人による作業が優先される）」な体質を有する業界と言われてきましたが、ICTの導入によって「デジタル的（論理や合理性を重視する）」に変化しつつあります。ICTを活用して管理すれば、従業員向けの昼食だけでなく、会議用、接待用、冠婚葬祭用、ロケやイベント用の宅配弁当など、少数でも大量でも、安価なものから有名料亭やレストランで調理された高級なものまで対応できます。企業の経費節減や省力化にも貢献できます。

❷特別食への対応

また、今まで難しいとされていた特別な配慮を必要とする食事の提供もICTの導入によって可能となりました。

例えば、宗教上の理由によって食材や調理法に規制のある食事などです。イスラム教では食べ物に関して厳しい戒律があり、戒律によって食べてよいものと食べてはいけないものが決まっています。

食べてよいものを「ハラール（حلال）食」といいます。豚や豚に由来する食品は禁忌とされ、ムスリム（イスラム教徒）によって正規の手順に従って処理された肉しか食べることができません。その他、さまざまな定めがありますが、料理になってしまうと果たして戒律に合ったものであるかどうかがわかりません。そこで、基準に合格した正規のものであることを認証する制度と機関があります。

イスラム教はキリスト教に次ぐ世界第二の宗教で、その信者数は一六億二一五四万人と推計されています。これは世界人口のおよそ四分の一にあたります。世界最大のムスリム人口を抱えるインドネシア、イスラム教を国教とするマレーシアをはじめとする東南アジア諸国の経済成長は著しく、観光立国を強力に推進する日本にとって、ムスリムはもっともっと来ていただきたい海外からのお客様です。大きなネックとなっているのが食事のことです。ムスリムにとっては、宗教が生活の土台となっており、ハラール対応の食事ができるかどうかは、礼拝ができるかどうかとともに旅行時に最も重視することです。

日本ではまだ、ハラール認定を受けた食品やレストランは少数です。そして、「ハラール食」の提供は、専用の食材や調理器具などを必要とするため、ホテルなどでも対応が難しいのが現状です。東京、大阪、京都など観光・ビジネス客の多い地域では、ムスリム客の増加に「ハラール食」の弁当宅配サービスで対応しています。

この「ハラール食」の弁当宅配サービスを可能にしたのがＩＣＴです。ＩＣＴによって情報を共有管理し、配送システムを整備することによって、「ハラール食」弁当の宅配が可能となりました。それは、安心と安全を届けることにほかなりません。しかし、多くのムスリムのお客様を迎えるには、まだまだ活用システムを日本中に広げていく必要があります。

　この他にもＩＣＴの活用によって、今まで難しいとされていた課題がさまざまに解決されていっています。ＩＣＴの進歩と活用によって、今後お弁当業界がどのように発展していくか注目されます。

コラム⑱　ハラール食

イスラム教徒を指す「ムスリム」とは、アラビア語で「神に帰依する者」という意味です。イスラム教では生活全般において戒律があり、食べ物に関しても「食べてよいもの」と「食べてはいけないもの」が細かく定められています。「ハラール（حلال）」とは「許されている」を表わす言葉で、許されていないものを「ハラム（حرام）」といいます。

　全面的に禁じられているのは「豚肉」と「アルコール」です。

　イスラム教では、豚は不浄のものであり、一切体内に入れてはいけないとされています。豚肉そのものだけでなく、豚から派生したすべてのもの、豚と接触した食品もすべて禁忌とされています。例えば、

- 豚から抽出したエキスが含まれる調味料や出汁の入ったスープ
- 豚を調理した道具を使って調理された食材
- 豚を運んだトラックや豚を入れた冷蔵庫で保管された食材

・豚が配合されている餌を食べた家畜
・豚由来のタンパク質や酵素が使われている医薬品や化粧品

それ以外の、牛や羊などの肉は食べてもよいとされていますが、イスラムの教えに則った方法で屠畜・加工された肉（定められたやり方で屠畜する、血を抜いてから解体する、など）でなければなりません。アルコールは、飲料としては全面的に禁忌です。消毒用アルコールや発酵過程でアルコールが自然に産生される調味料（醤油やみりんなど）も禁じられています。

ハラール食の認定マーク

これらは、見ただけでは分かりません。そこで、宗教と食品科学の二つの面から、専門家がハラールであることを保証する制度「ハラール認証」ができました。製造現場における施設・設備、使用する原料、製品がハラールであること、従業員教育、組織としてのマネジメント体制の確認も認証条件です。

大変厳しい戒律ですが、ムスリムにとって食べ物はただの好き嫌いの問題ではなく、ハラールでないものを食べることは神に背くということであり、ムスリムの生き方そのものなのです。文化の違いを理解し、配慮していくことが必要です。

［参考］一般社団法人ハラル・ジャパン協会

4 「手作り弁当」の趣味化

社会の変化や科学の進歩によって、お弁当のありかたも大きく変化してきていますが、「手作り弁当」の人気は決して衰えてはいません。むしろ、ますます盛んになっていると言えるでしょう。

❶ お弁当ブログ

書店にはお弁当関連の本がたくさん並んでいます。『食いしん坊のお弁当』『ほめられ弁当』『作り置きおかずのお弁当』『楽弁当レシピ』『まるごと冷凍お弁当』『中高生の大満足弁当』『超ラクチン弁当』『男の子の喜ぶお弁当』『よろこばせ弁当』『朝つめるだけ弁当』『一〇分一〇〇円弁当』『満腹ガツン弁当』『見せたくなるおべんとう』……、タイトルを見るだけでも楽しくなるお弁当本の数々は、「手作り弁当」への関心の高さを表しています。

インターネット上では、料理やお弁当のレシピを掲載したサイト「レシピブログ」がたくさんあり、アクセス数を競うブログランキングも話題になっています。実は、お弁当本には、つねに上位にランクインされる〝人気ブロガー〟のブログの内容をまとめたものも多いのです。こうした料理本の出版は年々増え、ブログは普通の主婦から料理研究家への登竜門の一つになっています。

ブログには、見た目もきれいで美味しそうなお弁当の写真がたくさん掲載されています。ブロガーたちは、お弁当作りだけでなく、お弁当を撮影してブログにアップする手間も惜しみません。「見せること」「見られること」を前提として、お弁当を作っているのです。工夫をこらした自慢のお弁当は、人に見せたくなります。「手作り弁当」は、他者に評価されることを意識した「作品」です。

文化人類学者であり食文化研究者でもある石毛直道《いしげなおみち》（一九三七〜）は、『食の文化（第二巻）』（一九九一年）で、食における芸術性として「あとかたもなく消費されてしまう料理という作品を、いちばんよく鑑賞出来るのは料理のつくり手である。家事労働からはなれた趣味の料理づくりは、芸術作品の創造にも通じ「つくるよろこび」をもっている」と述べています。

こうした傾向は、一九七〇年頃から始まりました。「中食」や「外食」が身近になったことにより、家で料理を作ることの意味も変わってきました。経済性や健康面などの必要性からでなく、家族間のコミュニケーションのためであり、気に入ってもらったり褒められたりという家族の反応が、「やりがい」や「達成感」につながるようになってきました。

料理を作ることが、楽しみながら工夫する「趣味」のようになってきたのです。

❷「キャラクター弁当」

そして、「キャラクター弁当」の登場は、お弁当作りの趣味化を一気に促進させました。「キャラクター弁当」とは、アニメの主人公や人間、植物、動物、行事や風景などを、さまざまな食材を使って表現するお弁当のことで、一般的に「キャラ弁」と呼ばれています。

海外における「キャラ弁」への注目については序章でもご紹介しましたが、日本での注目のきっかけは、一九九六年、『北海道新聞』の「これがお勧めの幼稚園弁当」という欄に「キャラクター弁当」

おむすびパンダ
さまざまなキャラ弁作りグッズが販売されていて，初心者でも簡単にかわいいキャラ弁を作ることができます。

ドラえもんキャラ弁
提供：Hamama 様
インスタグラムより

を勧める投書が載ったことでした。以前から子供向けのお弁当を作る際には、子供を喜ばせたり、嫌いなものも食べさせたりするために、材料をまったくわからないようにしたり、見た目の美しさや楽しさの工夫が行われてきました。最もポピュラーなのは「たこさんウィンナー」で、戦後大流行して幼稚園弁当や通学弁当の定番でした。また、ご飯の上に海苔やそぼろで絵を描くこともよくありました。でも、その頃は、まだキャラクター弁当とは言いませんでした。

やがて、お弁当をキャンバスに見立て、子供の喜びそうなキャラクターを描くようになってきました。初めてのキャラ弁レシピ本『キャラクターいっぱいのおいしいおべんとう』が出たのは二〇〇〇年のことです。著者のブレネクユキコは株式会社サンリオのキャラクターデザイナーだった人です。二〇〇三年には、一人の主婦が「e－お弁当作っちゃいました」というサイトを開設しました。彼女は自分の作品を発表するだけでなく、投稿コーナーを設けましたので、そこに多くの主婦がキャラ弁作品を発表するようになりました。その後、インターネットの普及にともなって、個人がホームページやブログを開きキャラ弁の写真やレシピを載せるようになり、「キャラ弁」がブームとなって広がっていきます。星、花、パンダの顔などのおにぎり型、おにぎりにぴったりサイズの目、耳、鼻、口が一度に抜ける海苔パンチ、海苔細工用のはさみなど、さまざまなキャラ弁作り用品が工夫され、それらが食材店だけでなく通信販売や百円ショップでも手軽に買えるようになりました。こうして、誰でも簡単に「キャラ弁」を作ることができるようになったのです。

最初は幼稚園児のお弁当用に考えられたものですが、しだいに大人用にも作られるようになりました。食品関連の企業や団体が主体となった「キャラ弁コンテスト」も開催されるようになり、今ではブームの域を出てお弁当の一ジャンルとして確立されています。

かつて、毎日のお弁当作りには義務化した家事という一面があり、前の晩に多めに作ったおかずを入れたり、卵焼き・から揚げ・塩サケがほぼ定番のおかずでした。でも、「喜ぶ顔が見たい」に「ほめられたら嬉しい」が重なり、作ることが楽しくなって、いろいろなアイデアや工夫が生まれ、お弁当作りが趣味化してしまった人たちが大勢います。

お弁当作りの趣味化は、お弁当を「作る楽しみ」と「見せる楽しみ」という娯楽的要素を持つものへ変化させました。日本人の遊び心がこれほど発揮されているものはないでしょう。「キャラ弁」の登場は弁当文化の新時代の扉を開きました。

❸「弁当男子」の登場

もう一つ、「手作り弁当」で注目されるのが、「弁当男子」の登場です。自分で作ったお弁当を職場や学校に持って行く「弁当男子」と呼ばれる男性が増えつつあります。

二〇〇八年頃から男性用のお弁当箱とお弁当箱が入る大きさのビジネスバッグの売れ行きが増え始めました。最初は、不況の影響による節約のための一過性の流行、あるいはメタボ対策の健康志向のせいかと思われていました。しかし、自慢のお弁当をブログに掲載したりして、彼らが楽しみながらお弁当作りをしているらしいことがわかってきました。「弁当男子」のブログのアクセス数は一般の料理レシピのサイトと変わらないくらい多く、男性向けの料理教室も各地で開かれ、男性向けの弁当本の出版も増えてきました。

かつて「男子厨房に入らず」といわれ、自炊する男子には「女々しい」といったマイナス評価が向けられがちでした。でも、「弁当男子」は、旬や国産品に対する意識や食の安全への関心も高い傾向が見られ、今ではなんと「自己管理ができて健康的」「家事に協力的そう」と好印象をもって受け取られるようになってきました。

一見、簡単そうに見えるお弁当作りですが、彩りや栄養バランスを考えて、しかもおいしく作るには知恵と工夫が要ります。普段からそういうことに関心がなければうまく作れません。それに、今までの「男子がお弁当を自分で作るなんて……」という偏見を楽しみながら軽々と超えるのは、なかなか頼もしいことです。「お弁当」一つから、性格や人柄が感じられて、いまや旦那様候補のモテ条件の一つとさえ見られているそうです。

テレビで一九九六年から二〇年以上も続いた男性人気アイドルグループの料理コーナーを含む番組『SMAP×SMAP』は、男性にとっても「料理は楽しみ」「料理は自己表現」と料理をすることの意識を変えたと言われます。

「弁当男子」の登場は、男性たちにとって料理や弁当作りが特別のことではないと認識されるようになってきたことを意味しています。背景には、近年の非婚化、晩婚化もあるのかもしれませんが、必要からというよりも楽しみとして広がってきていることに、社会の変化を感じます。

おわりに

「お弁当文化」についてさまざまな角度から見てきました。いつの時代も「お弁当」は人々の生活と共にあり、人々の知恵と工夫がお弁当文化を育んできました。戦争の時代も泰平の時代もありましたが、社会や環境の変化に臨機応変に対応しながら乗り切っていく様子や楽しみを作り出していく様子に、庶民ならではの知恵と逞しいおおらかさを感じます。

食べきりの「お弁当」に、味の取り合わせを考え、彩りに配慮し、盛り合わせに気を配る。料理に名前を付ける。容器を工夫し、掛紙のデザインに凝る。お弁当箱に詰め合わされている作り手の「美意識」や「遊び心」に感動します。「日本のお弁当」は、世界の歴史のなかでも非常に珍しい携行食と言えるでしょう。「人間の文化はすべて「遊びの精神」から生まれた」というヨハン・ホイジンガ（一八七二〜一九四五。オランダの歴史学者）の言葉を思い出します。

それに、「お弁当」という言葉は、なんとぬくもりのある響きを持っていることでしょう。なんだかほっとする優しい気持ちにさせてくれます。十七世紀初めに刊行された『日葡辞書』の〝Bento〟の紹介には、形態や用の説明だけでなく、「充足、豊富」という意味が記されていました。お弁当を開くときのわくわくする気持ち、お弁当を共に食べる楽しさ、食べ終わった後の充足感は、昔も今も変わりません。それは、作ってくれた人の思いが伝ってくるからでしょう。

筆者にもお弁当の思い出は、鮮やかです。幼いころ家族や近所の友達の家族と一緒に行ったお花見のことを思い出します。重箱いっぱいに詰められた海苔巻きやお稲荷さん、それに玉子焼きなど、自分たち家族だけでなくみんなで食べるようにと母がちょっと気合を入れて作ったお弁当でした。お花見なので、桜の蕾の小枝がさりげなくお弁当にあしらってありました。「きれいね。おばちゃん、上手ね」と友達が私にささやきました。褒められて、ほんわりうれしい気持ちになりました。父が肝臓の病気で入院していたとき、母は毎日シジミのスープを持って病院に通いました。シジミが肝臓によいと言われていたからです。毎朝シジミのスープを作る母の姿に、「元気になってほしい」と願う祈りにも似た気持ちを感じました。

学生時代に友達と登った山の上で食べたお弁当も忘れられません。山小屋で持たせてくれたお弁当は、大きなおにぎり二つとたくあん二切れでしたが、なんと美味しかったことか。疲れた体に涼風が心地よく、眼下に広がる雄大な景色は他では味わえない御馳走でした。

やがて私も母となり、家族のためにお弁当を作るようになりました。地域の少年サッカーチームに入っていた息子たちの試合の日には、いつも「勝つ」にかけてトンカツをおかずに入れました。「おかあさん、勝ったよ！　おかあさんのトンカツのおかげだね。ありがとう」。その言葉だけで幸せな気分になりました。

「お弁当」には、思い出がいっぱいです。お弁当を食べたそのときも、思い出す今も幸せな気分になります。きっと誰にもそんな思い出があることでしょう。何気ない小さな幸せ、心を通わせる小さな幸せをもたらす力を「お弁当」はもっています。お弁当箱に詰められているもう一つのもの、それは「相手を思う気持ち」です。

生活のなかにある「お弁当」は気取りのないものですが、それだけに「お弁当」を通して、世相や人々の暮らしのありかた、人間としての考え方、生き様が浮かび上がってきます。

今、「お弁当」は、デパートやスーパー、お弁当専門店などで手軽に買えるようになりました。小さなスーパーのお惣菜コーナーに並ぶお弁当にも、海・山・里の季節の旬の食材を使った副菜が彩りよく詰め合わされています。焼き物、天ぷら、煮物、あえ物と調理法にも工夫が見られます。店内のガラス越しに見える厨房で働いているのはパートのお母さんたちです。気取らず家で作るのと同じように「お弁当」をつくっています。

この何気なさこそ「文化」だと筆者は思います。本書を通して「日本のお弁当の魅力」と「日本の庶民文化の質の高さ」を感じていただければ幸いです。

参考文献資料

はじめに

『日本食・日本の食文化の海外普及について』農林水産省、二〇一六年

序章　世界が注目する日本のお弁当文化

「フランス（パリ）における日本食レストランの出店状況及び日本食材の流通状況調査」日本貿易振興機構（ジェトロ）パリ事務所、二〇一六年

「日本食文化の世界遺産化プロジェクト」（財）日本ホテル教育センターウェブサイト

「「和食」がユネスコ無形文化遺産に登録されました！」農水省ウェブサイト、二〇一三年

「日本食・食文化の海外普及戦略」一般財団法人日本総合研究所、二〇一五年

渡辺美穂「パリ「BENTO」人気の続報」『ひこばえ通信』二三八号、二〇一〇年

「フランス人とお弁当」『カルネ・ド・フランス』No. 19、二〇〇八年

『世界が注目する「kawaii！」＆「BENTO」』プレスリリース、二〇一三年一〇月九日

「弁当から「BENTO」へ～BENTOをアメリカ市場に～」ニューヨーク情報＆掲示板ウェブサイト、二〇一六年四月二二日

「BentOn Cafeとは？　健康志向のニューヨーカーがいま注目するお弁当屋さん」DMM英会話ブログ　ウェブサイト、二〇一五年六月二五日

山川真智子「アメリカ児童の昼食に革命!?　弁当ブームじわり」NEWSPHERE、二〇一五年九月一三日

「お弁当アート　世界に誇るお弁当文化」「はんぶんこ」ウェブサイト

「海外「日本にある物は全てクールだ！」日本のキャラ弁に外国人から驚きの声！」海外の反応翻訳部ウェブサイト、二〇一七年九月一七日

「Bento&co」ウェブサイト

『日葡辞書』岩波書店、一九六〇年

第一章　「働く力」とお弁当

神崎宣武『「まつり」の食文化』角川選書、二〇〇五年
柳田国男『山の人生』角川ソフィア文庫、二〇一三年
根澤誠『人の人生――マタギの村から』NHKブックス日本放送協会出版、一九九一年
太田雄治『マタギ――消えゆく山人の記録』慶友社、一九九七年
田口洋美『越後三面山人記――マタギの自然観に習う』農山漁村文化協会、一九九二年
『米のおやつともち　雑誌うかたま 別冊』農山漁村文化協会、二〇一九年
川島修一『漁撈伝承』法政大学出版局、二〇〇三年
中村通夫・湯沢幸吉郎『雑兵物語・おあむ物語』岩波文庫、一九四三年
かもよしひさ『雑兵物語』パロル社、二〇〇六年
永山久夫『たべもの戦国史』旺文社文庫、一九八五年
鶴見俊輔『限界芸術』講談社、一九七六年
柳宗悦『手仕事の日本』講談社学術文庫、二〇一五年
柳宗悦『民芸四十年』岩波文庫、二〇〇四年
『柳宗悦選集』日本民藝協会編、春秋社、一九九五年
文部省『学制百年史』帝国地方行政学会、一九七五年

第二章　花見弁当

小野佐和子『江戸の花見』築地書館、一九九二年
小野佐和子「花見における民衆の変身と笑いについて」『造園雑誌』四八（二）、一九八四年
白幡洋三郎『花見と桜――日本的なもの再考』PHP新書、二〇〇〇年
松下幸子『錦絵が語る江戸の食』遊子館、二〇〇九年
原田信夫『江戸の料理史――料理本と料理文化』中公新書一九八九年
有岡利幸『桜I』法政大学出版局、二〇〇七年
小林亨『食文化の風景学』技報堂出版、二〇〇七年
松下幸子『江戸食文化紀行』歌舞伎座ウェブサイト
『料理早指南』国文学研究資料館データセット簡易Web閲覧
『守貞謾稿』国立国会図書館デジタルコレクション
『藤岡屋日記』国立国会図書館デジタルコレクション
斗鬼正一「花見から見た都市、江戸・東京」『情報と社会』第一三号、江戸川大学、二〇〇三年
権代美重子「日本の花見文化――江戸時代における花見の祝祭性」日本国際観光学会、二〇一五年
『第9回本の万華鏡』「江戸の花見～花爛漫～　第3章」二〇一二年三月二二日　国立国会図書館ウェブサイト

「江戸の民衆娯楽」『三田村鳶魚 全集』第十巻、中央公論社、一九七五年
『日本風俗史事典』平凡社世界大百科事典、第2版、一九七九年

第三章　観劇弁当

今泉みね『名ごりの夢――蘭医桂川家に生まれて』平凡社東洋文庫、一九六三年
前原恵美「宴遊日記別録　考」東京藝術大学音楽学部紀要三〇、二〇〇四年
小野佐和子『六義園の庭暮らし』平凡社、二〇一七年
郡司正勝『地芝居と民俗』岩崎美術社、一九七一年
川添裕『江戸の大衆芸能――歌舞伎・見世物・落語』青幻舎、二〇〇八年
今尾哲也『歌舞伎の歴史』岩波新書、二〇〇〇年
倉田喜弘『芝居小屋と寄席の近代』岩波書店、二〇〇六年
喜田川守貞著、宇佐美英機校訂『近世風俗志』四、岩波書店、二〇〇一年
中川右介『歌舞伎座物語』PHP研究所、二〇一〇年
武井協三『歌舞伎とは いかなる演劇か』八木書店、二〇一七年
武井協三「座敷芝居の研究――津軽家文書「弘前藩庁日記」を中心に」（国文学研究資料館）、一九九五年
鈴木博子「江戸の屋敷方における操・歌舞伎」『都市文化研究』三号、二〇〇四年
『歌舞伎座百年史　本文篇』上巻、松竹、一九九三年
「歌舞伎座の「食」歌舞伎座厨房探訪　芝居の「食」のよもやまばなし」歌舞伎座ウェブサイト
「大鹿村」大鹿村公式ウェブサイト
「長野県大鹿村総合観光サイト」大鹿村観光協会ウェブサイト
関口すみ子『大江戸の姫さま』角川選書、二〇〇五年
林玲子・天野雅敏『日本の味　醬油の歴史』吉川弘文館、二〇〇五年

第四章　駅　弁

東日本旅客鉄道㈱・㈱日本レストランエンタプライズ「～駅弁文化の魅力を伝える～フランス国鉄 初の日本の駅弁売店がパリ・リヨン駅に期間限定オープン」ウェブサイト、二〇一五年一〇月二〇日
東日本旅客鉄道㈱・㈱日本レストランエンタプライズ「フランス国鉄　初の日本の駅弁売店営業期間延長について」ウェブサイト、二〇一六年四月二〇日
「現地ルポ　パリで日本の「駅弁 EKIBEN」が人気ってホント？」『TABIZINE』二〇一六年四月一日
並木秀一「インバウンド観光客を魅了できるか⁉　日本

独自の食文化「駅弁」復活への課題」『マイナビニュース』、二〇一六年一月一六日
林順信・小林しのぶ『駅弁学講座』集英社新書、二〇〇〇年
泉和夫『駅弁掛紙の旅』交通新聞社新書、二〇一七年
降幡利治『信州の駅弁史』国鉄構内営業中央会、一九七九年
山根章弘『折形の礼法――暮らしに息づく和紙の美学』大和書房、一九七八年
榮久庵憲司『幕の内弁当の美学』ごま書房、一九八一年
「福沢諭吉をめぐる人々　手塚猛昌」『三田評論ONLINE』二〇一八年一一月二八日
神崎宣武『江戸の旅文化』岩波新書、二〇〇四年
今野信雄『江戸の旅』岩波新書、一九八六年
『日本食糧新聞』二〇一七年一一月一五日号記事
『日本食糧新聞』二〇一七年一二月一三日号記事
「まねき食品㈱」ウェブサイト
駅弁掛紙写真、各地駅弁写真提供&取材協力：日本鉄道構内営業中央会　事務局長　沼本忠次氏
パリ・リヨン駅弁販売他取材協力・写真提供　㈱日本レストランエンタプライズ　相馬孝章氏
取材協力　高崎経済大学教授（交通論）大島登志彦氏

第五章　松花堂

末廣幸代『松花堂弁当ものがたり』湯木美術館編、朝日新聞社、二〇〇二年
末廣幸代『吉兆　湯木貞一――料理の道』吉川弘文館、二〇一〇年
辻静雄『吉兆　料理花伝』新潮社、一九八三年
佐藤善信、Abdulelah Al-alsheikh、平岩英治「日本型おもてなしの特徴　茶の湯と懐石料理店発展の関係を中心に」関西学院大学ビジネス&アカウンティングレビュー（一四）、二〇一四年
湯木貞一『吉兆味ばなし』一巻~四巻、暮しの手帖社、一九八二、一九九〇、一九九〇、一九九二年
安部直樹「茶道書にみる茶道研究の概説」『長崎国際大学論叢』五、二〇〇五年
表千家監修「茶の湯　こころと美」不審庵文庫編集ウェブサイト
「茶道」『世界百科事典』第二版、平凡社
「「茶禅一味」如々庵芳賀洞然老師 述」鹿児島座禅会ウェブサイト
井伊直弼著・戸田勝久校注『茶湯一会集・閑夜茶話』岩波文庫、二〇一四年
「数寄・日本の心とかたち」『淡交』別冊no. 23、淡交社

第六章　食の思想とお弁当

南里空海『神饌』世界文化社、二〇一一年

岩井宏實『神饌――神と人との饗宴』法政大学出版局、二〇〇七年

丸山悦子「近畿地方における神社の神饌にみる食材の特色」『日本調理科学会誌』三二、一九九九年

ジョアン・ロドリーゲス『日本教会史』下、岩波書店、一九六七年

大久保洋子「平安期の食文化を見る――平安貴族の饗応食の食材と調理について」『実践女子大学年報』二八、二〇〇九年

告井幸男「大饗小考」『立命館文学』六二四、立命館大学人文学会編、二〇一二年

稲葉敏明「庖丁式が作られた理由――歴史に探る　庖丁式の秘伝と秘事」『文星紀要』二〇〇七年

高橋晴子『朝鮮通信使をもてなした料理――饗応と食文化の交流』明石書店、二〇一〇年

道元著、中村璋八・石川力山翻訳『典座教訓・赴粥飯法』講談社学術文庫、一九九一年

田上太秀『道元の考えたこと』講談社学術文庫

小倉玄照『禅と食』　誠信書房、一九八七年

佐原真『食の考古学』東京大学出版会、一九九六年

今井悦子「食卓風景に関する研究Ⅱ」聖徳大学

権代美重子「日本の食文化ともてなし――「大饗」に見る日本の食文化ともてなしの様式」、第三回観光余暇・関係諸学会協働大会学術論文集、二〇一一年

権代美重子「日本の食文化における禅の影響――道元禅師と「典座教訓」・「赴粥飯法」」、日本国際観光学会第一五回発表、二〇一一年

権代美重子「日本の食文化における禅の影響――「応量器」が日本の食文化に及ぼした影響と「食」の今日的課題への示唆」、日本国際観光学会第一六回発表、二〇一二年

第七章　社会の変化とお弁当

『平成28年版厚生労働白書――人口高齢化を乗り越える社会モデルを考える』、厚生労働省「平成25 年度農林水産省委託調査 高齢者向け食品・食事提供サービス等実態調査事業報告書」三菱ＵＦＪリサーチ&コンサルティング、二〇一四年

小伊藤亜希子・池添大・斎藤功子・立松麻衣子・田中智子・辻本乃理子・中山徹・藤井伸生・増淵千保美「在宅高齢者の食生活を支える草の根型配食サービスの利点と課題」『日本家政学会誌』Vol. 58、二〇〇七年

「循環器病情報サービス　糖尿病の食」国立循環器病研究

センターウェブサイト
「慢性腎臓病 生活・食事指導マニュアル」（社）日本腎臓学会、二〇一五年
キユーピー株式会社「食生活総合調査」ウェブサイト
二〇〇八年度：20～69歳の単身者の意識調査〈食事行動〉
二〇一五年度：シニア層の「外食・中食の利用状況」に関する調査
「米に関する調査レポート：中食・外食の動向（No.3 弁当給食事業者、弁当等製造事業者）公益社団法人米穀安定供給確保支援機構、二〇一四年
川井考子・坂口峰子「「持ち帰り弁当」の評価」『和歌山信愛女子短期大学紀要』二八、一九八八年
「中食業界の現状・動向・課題について」Mayonez, 2019ウェブサイト
「京の御馳走・仕出しのたのしみ」zipanglife ウェブサイト、二〇一八年四月一四日
本間恵美・粥川晶子・遠藤仁子「おせち料理に対する意識と実態」『東海女子短期大学紀要』二〇、一九九四年
「おせちは取り寄せ派？　手作り派？」ぐるすぐりウェブサイト
「平成27年版情報通信白書　第1部第1章　通信自由化とICT産業の発展」総務省、二〇一五年
「東大生発案「お弁当 DROP & GO」東洋経済新報社ウェブサイト、二〇一八年三月一八日
「【業界初：宅配弁当とITの融合】会社・オフィス向けに日替わり弁当を配達するあづま給食が 電子マネーとスマホ決済を連動したシステム「OBENTO・TEC（オベント・テック）」を開始」、SankeiBiz ウェブサイト、二〇一八年一一月二七日
角井亮一「ICTで変わる物流のラストワンマイル」ウェブサイト、二〇一八年一月二八日
中村未樹「観光空間におけるハラール認証表示――ハラールはだれのためのものか」、京都大学大学院修士論文、二〇一四年
中尾美千代・中川伸子『日本におけるハラール食』『神戸女子短期大学論攷』六一巻、二〇一六年
「イスラム圏からの観光客誘致～東南アジアのムスリム観光客を日本へ～」（財）自治体国際化協会、二〇一四年
「ハラールとは」NPO日本ハラール教会ウェブサイト
荒井三津子・杉村留美子・片村早花「現代の手づくり弁当・その多様性と背景――弁当の日・弁当男子・キャラ弁を視野に」『北海道文教大学紀要』三五、二〇一一年
ブレネクユキコ『キャラクターいっぱいの おべんとう』ブティック社、二〇〇〇年
「弁当男子　一過性の流行？　定着する習慣か？」『日経

BPNET、二〇〇九年
旭真理奈「弁当の魅力――キャラ弁・食育・絆」『エクメーネ研究』三号、二〇一四年
井垣留美子『レシピブログで夢をかなえた人たち』ヴィレッジブックス、二〇〇九年
石毛直道監修『食の文化　第二巻　日本の食事文化』味の素食の文化センター、一九九一年
石毛直道監修『食の文化　第四巻　家庭の食事空間』味の素食の文化センター、一九九九年
石毛直道監修『食の文化　第五巻　食の情報化』味の素食の文化センター、一九九九年
石毛直道監修『食の文化　第六巻　食の思想と行動』味の素食の文化センター、一九九九年
阿部了・阿部直美『おべんとうの時間』木楽舎、二〇一〇年

あとがき

本書は、「日本のお弁当文化」がテーマです。私は、企業や団体の接遇教育や観光分野におけるおもてなし向上・ホスピタリティ醸成の指導に長く携わってきました。大学でも教えるようになり、専門分野の知識を深めたいと「日本のもてなしと食文化」の研究を始めました。時代ごとのもてなしの様式や食文化について調べながら、特に心惹かれたのは権威や格式にこだわらない自由でおおらかな庶民の食文化でした。なかでも、昔も今も誰しもの生活の中にあり親しまれているのが「お弁当」です。お弁当には庶民文化が凝縮されている、と言っても過言ではないでしょう。

書きながら、生活の中から生まれたたくさんの知恵と工夫を知りました。何気ないお弁当から世相が見え、庶民の日々の生活を楽しむ姿、洒落心、遊び心、反骨精神も浮かび上がってきました。文化 culture の語源には「耕す・培養する」という意味がありますが、文化とは普通の日々の生活の中から生まれ培養されてきたものであり、決して高みを極めたものだけを指すのではないこと、そしてこれからも培養され続けていくものであること、を実感しました。

お弁当からどんどん興味の輪が広がり、文献や資料を調べるのが楽しくなりました。調べながら、魅力的な多くの人と出会いました。お殿様も奥方様も歌舞伎の人気役者も町娘も料理界の巨匠も、その人間的な側面を知ると、なんと身近に感じられたことでしょう。お弁当というキーワードが、時代の扉を開き、いろいろな人の心模様を見せてくれました。

執筆に際して、多くの文献や資料を参考としましたが、お弁当は文化論的・文化史的な研究文献がきわめて少ないため、ウェブ上で収拾できる情報も活用し、それらに大いに頼らせていただきました。この場をお借りして、研究機関や個人を含むサイトの作成者のみなさまに、深くお礼を申し上げます。著作権についてはできるだけ注意を払いましたが、もしも注意の及ばなかった点がありましたら、心よりお詫びを申し上げます。

また、本書執筆において、多くの方々のお心添え、お力添えをいただきましたことに感謝申し上げます。ことに、東京工業大学名誉教授 中村良夫先生と元筑波大学大学院教授・北九州市立大学名誉教授 米澤茂氏の折に触れての応援のお言葉にいつも励まされ、書き進む大きな力となりました。中村良夫先生は、東京工業大学名誉教授 鈴木忠義先生の「当て塾」でともに学び、かつお教えいただいている尊敬する師です。本書は中村良夫先生に「日本の食文化の特徴は、庶民の食に対する意識と美意識の高さであり、それが日常生活の中に浸透していることだと思う」と話したことから、先生のおすすめで書き始めました。米澤茂氏は高校時代からの友人です。学者としての実績と見識に友情を超えた敬意を感じています。中村良夫先生は景観工学、米澤茂氏はギリシア哲学が専門でいらっしゃいます。お二人は「食文化のことはよく知らないので、一読者として感想を言いますね」と、原稿をお見せするたびに率直な感想をお寄せくださいました。また、学識者としてご意見をくださることもありました。できるだけ読みやすくわかりやすく、そして専門的な裏付けをきちんとしたものを、と志す私にとって、お二人の感想やご意見は本当に有難くうれしいものでした。厚くお礼申し上げます。

出版に際しては、法政大学出版局編集部長 郷間雅俊氏に大変お世話になりました。学術書の出版局として長い歴史と実績をもつ法政大学出版局より出版が決まった時は、うれしさとともに気が引き締まりました。後年、私も研究者の一人となりましたが、研究を掘り下げ知見を広げていくことは大変興味深く面白いことです。ことに私の研究テーマ「日本のもてなしと食文化」は誰にもとても身近なものです。「お弁当文化」は、中でも特に身近なものです。この面白さを多くの人に伝え、分かち合いたいと思ってきました。そういう思いを理解し、執筆の過程を見守り、丁寧な編集をしてくださいました郷間氏に心より深くお礼申し上げます。

今、執筆を終え、穏やかな感慨を感じております。読者の方々にも、楽しんで読んでいただければうれしく思います。

私は、鈴木忠義先生のもとで「観光原論」を学びました。先生は常々「観光は人のよろこびや楽しみのためにある」とおっしゃっていました。「お弁当」にも通ずるところがあります。原稿を読んでいただいたとき、「お弁当を今までにない視点からとらえた新・食文化論だね」と、本にするようすすめてくださいました。二〇一八年に逝去（享年九十三歳）された先生の墓前に、長年のご指導への感謝をこめて本書を献じたいと思います。

二〇二〇年三月吉日

権代美重子

◉著 者

権代美重子（ごんだい・みえこ）

1950年生まれ。大阪府出身。日本女子大学卒業，立教大学大学院修了。日本航空㈱国際線客室乗務員・文化事業部講師を経て，ヒューマン・エデュケーション・サービス設立。1997年より（財）日本交通公社嘱託講師，国土交通省・観光庁・自治体の観光振興アドバイザーや委員を務める。2009年より横浜商科大学，文教大学，高崎経済大学の兼任講師（ホスピタリティ論，アーバンツーリズム，ライカビリティの心理と実践，他）。著書：『新現代観光総論』（共著，学文社，2019）。

日本のお弁当文化

知恵と美意識の小宇宙

2020年4月20日　初版第1刷発行

著者　権代美重子

発行所　一般財団法人 法政大学出版局

〒102-0071 東京都千代田区富士見2-17-1

電話 03（5214）5540 振替 00160-6-95814

組版：HUP　印刷・製本：日経印刷

ISBN978-4-588-30052-3

醤油　ものと人間の文化史 180
吉田 元 著 ……………………………………………………………… 2600 円

歯　ものと人間の文化史 177
大野粛英 著 ……………………………………………………………… 2500 円

豆　ものと人間の文化史 174
前田和美 著 ……………………………………………………………… 3600 円

酒　ものと人間の文化史 172
吉田 元 著 ……………………………………………………………… 2500 円

鱈　ものと人間の文化史 171
赤羽正春 著 ……………………………………………………………… 3200 円

栗　ものと人間の文化史 166
今井敬潤 著 ……………………………………………………………… 2700 円

鮪　ものと人間の文化史 158
田辺 悟 著 ……………………………………………………………… 3300 円

桃　ものと人間の文化史 157
有岡利幸 著 ……………………………………………………………… 3200 円

落花生　ものと人間の文化史 154
前田和美 著 ……………………………………………………………… 3000 円

春の七草　ものと人間の文化史 146
有岡利幸 著 ……………………………………………………………… 2600 円

秋の七草　ものと人間の文化史 145
有岡利幸 著 ……………………………………………………………… 2800 円

神饌　ものと人間の文化史 140
岩井宏實，日和祐樹 著 ……………………………………………… 品　切

麹　ものと人間の文化史 138
一島英治 著 ……………………………………………………………… 2800 円

鮭・鱒 I　ものと人間の文化史 133–I
赤羽正春 著 ……………………………………………………………… 2800 円

表示価格は税別です